KAWADE
夢文庫

思わず興奮する
性生活の日本史

玉造 潤

河出書房新社

カバー写真
アマナイメージズ

本文イラスト
所ゆきよし

日本の男女が忘れてしまった乱倫な性文化の歴史◉まえがき

歴史好きな日本人がもっとも忘れているのが、わが国の性文化の歴史だろう。古来、日本は自由恋愛、フリーセックスの国だった。男たちは複数の女性と交わり、女性もまた複数の男と交合したが、誰もこれを咎《とが》めなかった。

フリーセックスが象徴するように、野卑《やひ》にして、おおらかな性文化が花開いていたのである。だから世界一の男色大国だったし、吉原の大遊廓《ゆうかく》が象徴するように性風俗大国でもあった。遊女たちは蔑視《べっし》されることもなかった。男女がそれぞれ自慰《じい》を愉《たの》しむのも、まったく問題視されなかった。浮世絵師の手による春画は、男女の多様な営みを現代に伝えている。

だが、こうした乱倫《らんりん》な文化は一時的に断絶する。明治政府の近代化政策に伴い、欧米人が野蛮と見なした性文化は弾圧の対象となり、若い男女の交際は禁止されもした。けれども、近代化の波も、古代からの奔放《ほんぽう》な性のありようを根底から突き崩すことはできなかった。現代の男女は、本来の奔放な性文化を取り戻しつつある。

この本は、そんな日本人の性文化の物語である。

玉造潤

思わず興奮する性生活の日本史　もくじ

二章
「不倫」の二文字がない貴族社会と「男色文化」を興隆させた仏教界

三章 武家の「性」は無粋・不自由になるが庶民はいよいよ奔放だった

四章 徳川幕府の統制もなんのその！江戸の性文化は爛熟をきわめる

五章 〝明治以降、なぜ日本人は〝性の統制〟を受け入れたのか

そして、日本人の淫欲はよみがえる――エピローグ

プロローグ

近代百年を除いて、日本人は世界一奔放だった

●日本に、もともと純愛なんてなかった！

古来、日本の男女は自由恋愛、フリーセックスを愉《たの》しんできた。日本のフリーセックスを象徴するのが、古代の「複婚制《ふくこんせい》」である。日本の男たちは何人かの女性と通じ、彼女たちを妻とした。一方、日本の女性たちも何人かの男とセックスし、彼らを夫とした。

現代人の目からすれば、乱倫《らんりん》なあり方だが、日本の男女は長くこれを当然と考えてきた。平安時代、『源氏物語』の世界で、主人公の光源氏が何人もの女性と情を交《か》わせたのも、この複婚のたまものである。

現代の日本人は、純愛を讃《たた》え、激しい恋愛を経て初めてセックスに至ると考える傾向にある。けれども、日本人にはもともと純愛の論理なんてなかった。純愛や精神的な恋愛は、19世紀以降に欧米からもたらされた考え方であり、日本にあったの

は、自由恋愛とフリーセックスの論理だった。

江戸時代が終わるまで、日本の男女は「まず精神的な恋愛ありき」ではなかった。「恋愛ののち初キス」「初キスののちセックス」という暗黙の図式もなかった。

日本の男女にまずあったのは、性交と性愛である。日本の男女は性行為を愉しむうちに、より情が通じ、深い仲になったのだ。最初に精神的な恋愛、最後にセックスではなく、セックスから始まっていたといっていい。

その性愛相手も、複数いてかまわなかった。何人の異性を愛そうと自由であり、恋愛に制限はなかった。慎み深い紳士と淑女による、精神重視の西洋型恋愛など、どこにもなかったのである。

日本の男女は性愛を愉しむことを大前提としてきたから、女性たちは奔放《ほんぽう》だった。16世紀に日本を訪れたイエズス会の宣教師フロイスは、若い女性が親に行き先も告げずに、何日も出歩いているさまに仰天している。戦国時代にあっても、女性は性に積極的であり、何日も家を留守にして男たちと交わっていたのである。

そんなわけだから、江戸時代を迎えるまで「貞操《ていそう》」という概念はなかった。「不倫」という概念もないから、不倫が罪という考えもない。野卑《やひ》といえばじつに野卑、おおらかといえば、じつにおおらかな性文化を日本の男女は愉しんでいたのである。

たしかに武家の世、とくに江戸時代になると、不義密通《ふぎみっつう》は罪とされるようになった。男尊女卑を当然とする儒教思想の影響で女性の地位は低下したが、それでも女性は性を愉しみ、不義密通さえも黙認されてきたのである。

野卑にしておおらかな性文化を支えていたのは、一つには温泉の存在があるだろう。火山国・日本は、温泉大国である。今でこそ温泉地の多くは男女別になっているが、かつては混浴だった。その延長線上で、江戸時代の銭湯も男女混浴だった。

日本の男女は、古代から異性のヌードに慣れ親しんできたのだ。暗がりとはいえ、裸の異性と間近にいれば、すぐに男女の仲になりやすい。乱交にだって発展しやすい。しかも、入浴文化によって日本人は体を清潔に保つことを覚えたから、清潔な体で性生活を愉しめる。ゆえに、日本人は性生活に熱心になり、その性世界は広がりを見せたといえるのだ。

●同性愛、自慰、売買春にも寛容だった

明治維新を迎えるまで、日本の性文化の特徴は、同性愛に寛容だったところにある。とくに男同士の同性愛、つまり男色《なんしょく》は公然と行なわれ、誰も咎《とが》めなかった。

日本における男色流行の震源地は、平安時代の寺院である。高僧たちは女性との

性交に熱心だったが、同時に美少年を愛した。寺院には、稚児《ちご》という美少年修行僧たちがあり、高僧たちは稚児を女性のように育て、ついには稚児のアヌス（肛門）をペニスで貫いて深い歓びを得た。

寺院に始まった男色は、貴族社会にも広まり、天皇までも男色の味を覚える。武家の時代になると、今度は寺院から武家社会へと男色は伝わり、戦国大名らは小《こ》姓《しょう》たちを愛するようになった。

江戸時代になると、男色は町人の間にも広まる。男色は性風俗産業にもなり、江戸時代には「陰間茶屋《かげまぢゃや》」と呼ばれる売春屋も登場していた。陰間茶屋の美少年たちは、男たちを客とすると同時に女性客の相手もした。

世界の歴史を振り返ったとき、男色者はたいてい日陰者《ひかげもの》扱いである。とくにキリスト教の支配する世界では、男色は罪悪視された。現代でこそ、同性愛者をはじめとするLGBT（性的少数者）の権利の保護が叫ばれているが、世界では長く、同性愛に強い偏見があったのだ。

そうした中、日本は古くから同性愛に寛容だった。江戸時代の春画にも描かれているように、女性の同性愛にも寛容だった。男色に関しては、明治になるまで日本は世界一盛んな国といっていい。

さらには、西洋ではキリスト教の影響でタブー視されていたマスターベーションも、日本ではよくある話として好意的に受け止められていた。江戸時代、女性の自慰用の張形《はりがた》は大いに人気を博したほどである。

吉原に代表される買春、売春にも寛容だった。明治を迎えるまで、日本の性文化は奔放であり続けたのだ。

●〝禁欲の百年〟をへて、日本人は伝統へ回帰する

日本の性文化が激変するのは、明治時代以後である。明治政府は、男女混浴や春画を取り締まり、国民に禁欲を押しつけた。

明治政府が性の抑圧に躍起《やっき》になったのは、欧米人の目を意識するあまりのことである。明治政府の目標は、日本を近代化させること、つまりは欧米化にあった。さらには、徳川幕府が結ばされた不平等条約を改正することだった。

そのために明治政府は、欧米人が悪徳視している日本の性習俗を廃絶したかったのである。

日本の指導者たちが目指したのは、日本の男女を紳士と淑女につくり変えることだったといえる。西洋の紳士と淑女は、その実態はともかくも、禁欲的に振る舞い、

精神的な愛を重んじる。そこに性的なニオイはない。日本の男女が紳士と淑女になったとき、文明化は達成され、欧米から侮《あなど》られることもないと考えたのだ。

以後、日本では若い男女の交際が半ば禁じられ、自慰も害悪と見なされるようになった。明治政府は、欧米人が日本人の男色文化をおぞましく思っていることも知った。だから、男色を禁じ、男色者を少数へと追い込んだ。

明治以後、残存した性文化は性風俗産業くらいであり、日本の男女はじつに暗い時代を過ごさねばならなかったのだ。

けれども、彼・彼女らは現在、奔放な性文化を取り戻しつつある。いかに政府が性文化を統制しても、長きにわたった奔放な伝統を根絶できなかったのだ。

禁欲を強《し》いられた時代は、明治維新以降たかだか100年である。日米戦争の敗戦を一つの契機にして、日本の男女は少しずつ性に開放的になりはじめた。自由奔放へ向かう性の流れは、もはや止めようがない。

結局、お上《かみ》による紳士・淑女化構想は失敗し、日本は野卑にして、おおらかな性文化を回復させつつあるのだ。

一章

乱交、よばい、多夫多妻…
いにしえより日本は多淫の国だった

後背位に始まった日本の子づくり、国づくり

日本の国の始まりは、男女のまぐわいによる。それほどに、日本の男女は古代から性を重視し、奔放な性を生きてきた。

『古事記』によるなら、日本の国、つまり日本列島をおつくりになったのは、イザナギ（伊耶那岐）神とイザナミ（伊耶那美）神である。イザナギ・イザナミ夫婦は、神世で7代目の男神・女神である。彼らは、高天ヶ原《たかまがはら》の神々に国づくりを託されたが、国づくりとは子づくりであり、つまりは性生活に励むことだった。

彼らの交合によってまず生まれたのは、淡路島《あわじしま》である。続いて四国、隠岐《おき》諸島、九州が生まれ、『古事記』でいうところの「大八島《おおやしま》」、つまり日本列島が形づくられていった。こののちも、夫婦神は子づくりに励み、多くの神々が生まれている。天皇家は、その神々の子孫となる。

イザナギとイザナミの最初の交合は、後背位だったと思われる。どうやら2人は、どうやって交わっていいものかわからなかったらしい。『日本書紀』によると、そこにセキレイが飛んできた。セキレイとは主に水辺に棲《す》む鳥だが、これが頭と尻尾《しっぽ》

を振るのを見て、営みの参考にしたという。

『日本書紀』には詳述されていないが、おそらくイザナギとイザナミはセキレイの交尾《こうび》を見たのだろう。小鳥の交尾といえば、後背位《こうはいい》である。つまり、イザナギとイザナミの最初のセックスは、後背位で行なわれたのだ。

現代人のセックスは、文明国にあっては正常位を基本とする。見つめ合う正常位こそは基本の体位とされるが、これは隙《すき》の生まれやすい体位でもある。セックスの最中、もし敵に襲われでもしたら一巻の終わりだ。

古代の日本は、けっして平和な世界ではない。縄文時代は比較的平和だったといわれるが、弥生時代になると戦いが発生していた。弥生人たちは高地に集落をつくるか、平地に居住するなら幾重《いくえ》にも堀を巡らせた環濠《かんごう》集落をつくった。彼らは敵の襲撃に備

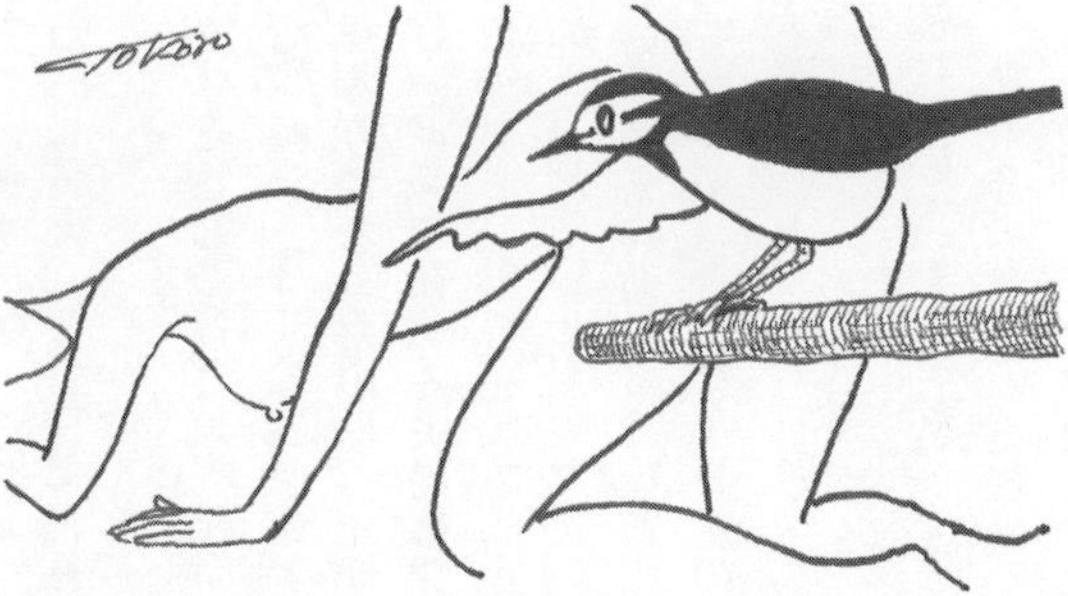

えねばならず、正常位でゆっくりセックスを愉《たの》しむことはできなかったのである。神であるイザナギとイザナミも、そうだった。彼らも万一に備え、後背位で性行為を始めたのだ。

弥生人たちは、早漏《そうろう》だったと思われる。ゆっくりセックスを愉しむほどに、隙は生まれやすい。また集落の中では、現代人の有するようなプライベートな空間を持ちにくい。しかたなく営みを早く終わらせねばならず、早漏だったのだ。

私見では、日本の男たちが早漏を克服していくのは、江戸時代以降だろう。天下太平の江戸時代、ようやく性の道を追求できるようになるのだ。

ちなみに、イザナギとイザナミがセキレイから学んだのは「腰使い」だったという見方もできる。男女の営みは腰の使い方であり、腰使いは踊りに通じる。後述するように、古来、日本の男女は踊りを通じて交わることも多々あった。セキレイの物語は、日本人の営みと踊りの関係を示唆《しさ》しているかもしれない。

イザナミも陥った、女性からの〝お誘い〟の落とし穴

じつのところ、イザナギとイザナミの交合は、最初から順調だったとは言いがた

い。最初に生まれた子は、「水蛭子《ひるこ》」という手足のない赤ん坊だった。続いて産んだ子は「淡島《あわしま》」という、泡のような不完全な島だった。

ここで、イザナギとイザナミは頭を抱えてしまった。いったいどうしたものやらと、高天ヶ原に帰り、天《あま》つ神に相談した。すると、イザナミからセックスに誘ったから、よい子が生まれなかったという託宣《たくせん》があった。

イザナギとイザナミは、最初の交合をする前に、天《あめ》の御柱《みはしら》をぐるりと回った。イザナギは左から、イザナミは右から回り、出会ったところで、イザナミが「あなたは、なんていい男なんでしょう」と声をかけ、イザナギはこれに応じた。これがよくなかったという。

イザナギとイザナミは、改めて天の御柱を回り、今度はイザナギから「あなたは、なんていい女なんだろう」と声をかけた。これにイザナミが応じ、交わった。すると、めでたく淡路島が生まれたのである。

このエピソードが何を物語っているかというと、女性からあまりに積極的にアプローチすると、性交はうまくいきにくいということだ。男という生き物は、意外なことに、女性のほうから積極的に迫られると、どぎまぎして逃げ出したくなるところがある。性交の場で、勃《た》たなくなることもある。

日本の女性は「慎《つつ》ましやか」だとよくいわれる。たしかにひところ、そうした傾向はあったが、それは女性たちが時代の〝要請〟に合わせていただけで、実際は、そうでもなかったと思われる。現代には「肉食女子」という言葉があるが、古代から日本には「肉食女子」が少なくなかったのだろう。

だが、性に積極的な女性は、男にとっては大歓迎である一方、受け身に追い込まれ、うまくセックスできなくなることがある。

イザナミもそのことに気づき、まずはイザナギの誘いに応じる形をとった。その情感に、イザナギの「男」は昂《たかぶ》り、よき交わりとなったのだ。

女神のストリップショーが物語る日本人の性の本質

『古事記』には日本人の奔放な性が描かれている。その中には、アメノウズメ（天宇受売命）の裸踊りもある。アメノウズメのストリップショーは、天《あめ》の石屋戸《いわやと》に引き籠《こ》もったアマテラス（天照大御神）を外界に引き出すためのものだった。

アマテラスの弟スサノオ（須佐之男命）は、とんでもない暴れん坊だった。だが寛容なアマテラスは、弟の蛮行を咎《とが》めることがなかったため、スサノオは増長《ぞうちょう》した。

ある日、アマテラスが機織《はたお》り小屋にいるとき、スサノオは皮を剝《は》いだ馬を小屋に投げ入れた。1人の機織り女が、これに驚いたはずみで陰部を機織り道具に突き刺されて絶命する。さすがのアマテラスも怒り、天の石屋戸の中に引き籠もってしまった。これによって、高天ヶ原は暗闇の世界となる。

困り果てた神々は一計を案じ、天の石屋戸の前で宴会を始めた。このとき、アメノウズメという女神が、逆さまにした桶《おけ》を踏みならし、踊りはじめた。アメノウズメは乳房をあらわにし、服の紐《ひも》を陰部の所まで押し下げてみせた。

淫《みだ》らかつ滑稽《こっけい》なこの踊りを前に、八百万《やおよろず》の神々は大笑いし、岩屋戸内のアマテラスも「何事か」と、つい戸を少し開けた。これをチャンスと、力持ちのアメノタヂカラオ（天力男神）がアマテラスをようやく外に引き出し、高天ヶ原に光が戻ったという話である。

アメノウズメの物語は、日本人の性の本質を示唆している。

日本の男女は、性におかしみや滑稽の世界と見ようとし、そこから心を開いていく。現代の日本人は、欧米の騎士道的な恋愛文化の影響もあって、セックスを男女のロマン、純愛の果てにあるものと見なしがちである。男女の熱愛はせつなく、狂おしいものでなければならないと考えがちだ。けれども、古代より日本では、セックスは笑いとともにあった。

笑うという行為は、男女が心を開くために重要である。男女が笑うなら、場が和《なご》み、性のエネルギーは解放されやすい。そこから、性愛が生まれるのだ。日本では、セックスの物語を「艶笑譚《えんしょうたん》」といい、性を描いた春画を「笑い絵」ともいった。古代より、日本人は、性と笑いを結びつけて考えていたのだ。

アメノウズメは、そうした日本人の男女の本質を承知していた。だから、剽《ひょう》げた裸踊りをして、笑いをとってみせたのだ。

性におかしみやユーモアを見て「萌《も》え」るのは、平安人も同じだった。平安時代、『鳥獣戯画《ちょうじゅうぎが》』の作者に擬《ぎ》せられた天台宗の画僧・鳥羽僧正《とばそうじょう》（覚猷《かくゆう》）、あるいは同時代の絵師が「勝絵《かちえ》」絵巻を描いている。勝絵とは、勝負事や競技の様子などを描いた絵のことで、滑稽《こっけい》・卑猥《ひわい》の要素が強く、のちに春画の異名ともなる。その絵巻の後半が抱腹絶倒の「放屁《ほうひ》合戦」であり、前半が「陽物《ようぶつ》比べ」なのだ。

「陽物比べ」では、男たちがペニスの大きさを自慢し、女性たちはその姿をしれっとした目で見ている。これまた、ユーモラスな味わいがあるとともに、ペニスの大きさを気にせずにはいられない男の悲哀も描かれている。

『鳥獣戯画』は日本最古の漫画といわれ、漫画のルーツともいえる。「陽物比べ」

もまた同様であり、日本の漫画は性と結びついて胎動していたのである。

江戸時代、浮世絵師たちは春画という漫画によって、男女の営みを事細かに描いた。現代においては、日本の男女が禁欲文化から解放される過程で、少年漫画、青年漫画に描かれた性描写は大変な刺激となり、少年たちは興奮した。漫画による性の描写は、日本の性文化の特徴といっていい。

混浴上等！ 平和な温泉地は乱交の場だった

古代、日本の男女が性をもっとも愉しんでいた場といえば、温泉地だっただろう。火山国・日本は世界屈指の温泉大国だし、われわれは、裸で温泉に入るのを当然としている。海外では服を着て入浴するスタイルもあるが、日本人は素っ裸を好んだ。清らかな温泉のお湯で汗や汚れをさっぱり流せば、清々《すがすが》しい気分になれるからだ。そこから生まれるのは、裸と裸のお付き合いである。

当時、温泉地に男湯、女湯の発想はまったくない。江戸時代においても、銭湯は混浴が常識だった。男湯、女湯という概念が明確化されたのは明治以降であり、古代人は、温泉を男女混浴の場として愉しんでいた。

男女がお互い裸なら、性のニオイを嗅《か》ぎ取り、欲情しないわけがない。温泉地は、男女が気に入った相手と交合する乱交の地だったと思われる。

温泉地が乱交の場になりやすかったのは、そこが平和の場だったからでもある。弥生時代以降、日本人同士は争うようになり、集落内ではゆったりとセックスを愉しむことはできなかった。けれども、温泉地にまで戦乱は及びにくい。温泉に浸《つ》かれば、誰しもゆったりとし、平和な気分になっていく。そこにとげとげしい雰囲気は一切ないから、性の営みだってぞんぶんに愉しめる。

後述するように、日本人は乱交好きである。温泉地は、そうした日本人の乱交好きを育《はぐく》む格好の場となっていたのだ。温泉地は、日本人の性意識をおおらかにする力を持ち、その性を解放する役割を担ったのである。

オーラルSEXの文化は温泉天国ゆえに育まれた

「古代の日本人は温泉地で乱交を愉しんだだろう」という推察は、そこから先、オーラルセックスを覚えただろうという推測に発展しよう。

相手の性器を口や舌で刺激するフェラチオやクンニリングスといったオーラルセックスは、古代から世界各地にあった。日本にも存在していたとして不思議でもなんでもないが、温泉場で行なうことによって、日本人にとってオーラスセックスは自然なものになったのだ。

オーラルセックス、とくにフェラチオは、支配と被支配の関係に基づくことが多い。ろくに入浴もしていない相手の不潔な性器をなめたり、舌で刺激するなんて、普通はできることではない。それでも、相手が奴隷だったり、身分が低かったりすれば、支配者としてフェラチオを強《し》いることはできる。相手は、強制されるがままに支配者に奉仕するしかなかった。

有史以来、世界各地で行なわれてきたフェラチオは、支配・被支配に基づくものだったと思われる。浴場を愉しんだ古代ローマ人を除けば、強固な身分制社会、階層社会があるからこそ、一部の男たちはその快楽に酔いしれることができたのだ。

一方、温泉天国・日本列島は、特殊だった。温泉で身を清らかにするなら、性器も清潔となる。そうなれば、相手の性器をくわえたり、股間に顔を埋めたりする行為に、心理的な抵抗は大きく薄れよう。男はさほど強制せずとも、フェラチオをしてもらえたし、女性にクンニリングスを施すことも厭《いと》わなかった。その意味でも、温泉は性の天国だったのだ。

江戸時代、春画にはオーラルセックスも描かれている。とくに男たちは、好んで女性器に顔を埋めている。これまた、江戸の銭湯文化によって、性器が不潔ではなかったからだ。温泉・銭湯文化は、日本人を清潔好きにしたのみならず、オーラルセックスへの抵抗を弱めていたのである。

古来、日本の女性は積極的かつ性に奔放だったと思われるが、それは、男が女性を支配し、性を強制する必要がなかったからでもある。温泉場で乱交やオーラルセックスに女性が積極的に応じるなら、男たちに女性を支配する理由はない。

こうした性文化は、政治体制にも影響を及ぼしている。日本では、武士が登場するまで、強権をふるう独裁者は現れなかった。7世紀、乙巳《いっし》の変で排除された蘇我《そが》宗本家にしても圧倒的な支配者ではない。この国では、漢《かん》の武帝《ぶてい》も古代ローマのアウグストゥスも必要としてこなかったのである。
奔放な性文化があるかぎり、日本に絶対権力者は不要だったのだ。

性習俗「よばい」は「夜這い」ではなかったって?!

日本の伝統的な性習俗に「よばい」がある。夜陰にまぎれて、若者が女性のもとに忍び込み、そこでまぐわうのが「よばい」だ。

現代人が「よばい」を知っているのは、司馬遼太郎の小説『竜馬がゆく』によってだろう。小説では、坂本竜馬は、憧れの女性の家に「よばい」を敢行することで「男」になったと描かれる。「よばい」は、竜馬の生きた幕末にもあり、20世紀になっても山村にその風習は残っていた。戦後の沖縄でも、「よばい」が残っていたことが報告されている。

その「よばい」は、古代からあった性習俗である。古代から、男女の求愛は「よばい」から始まっていたのだ。

「よばい」では、男が女性のもとに忍び込んだとき、よほど嫌でないかぎり、とりあえずは受け入れたようだ。まず、セックスありきだったのだ。

その後、相性がよくなければ、男は新たな女性のもとに「よばい」を仕掛ける。相性がよく、互いに好意が深まれば、何度も男はその女性のもとに通う。ついには、夫婦同然となる。

「よばい」は、現代では「夜這い」と表記されている。たしかに、夜、這《は》うようにして通うのだから、一つの真相を表した漢字なのだが、本来は「呼ばひ」である。「呼ばふ」の変化した言葉であり、男から女性への求愛が「よばい」だったのだ。

その求愛が、言葉ではなく、いきなりのセックスだったところに、日本人の性意識の野卑さとおおらかさがある。

古代日本では、「多夫多妻の複婚」がふつうだった！

古代の日本では、「複婚」という特殊な婚姻《こんいん》スタイルがあった。つまり、男に何人かの妻が存在すると同時に、女性にも何人かの夫があったのだ。日本は「多夫多妻」の国として始まっていたといっていい。

複婚の世界は、男女が乱婚関係にある。ある男が妻としている女性には、その男以外にも何人かの夫がいるのだ。

現代の大学のサークルやオフィス内などで、男女関係が濃い場合、男たちはその中の何人かの女性と肉体関係を持つ。女性たちも同様に、何人かの男たちと通じている。じつはセックスを介して、皆が通じていたといった話がある。現代では、それはひそかに行なわれがちだが、古代ではこれがおおっぴらだったのだ。

複婚が当然だったのは、「よばい」があったからでもある。男は1人の女性に「よばい」を仕掛けるが、それだけでは満足せず、他の女性にも「よばい」を仕掛け、あちこちで濃密な性関係を築く。

男たちがあちらこちらで「よばい」するなら、女性のほうも、何人かの男と密接な性関係を結ぶ。密接な性関係を結ぶなら夫婦になったも同然であり、古代日本では複婚が当たり前となったのだ。

古代日本に複婚があったことは、中国の史書からもうかがえる。『後漢書《ごかんじょ》』の「倭《わ》」には「諸国の有力者はみな妻を4、5人持ち、それ以外の者でも2、3人の妻を持っている」とある。『三国志』の「倭人」でも同様の記述がある。

『後漢書』も『三国志』も、日本列島に上陸経験のある者の見聞をもとにしたものだろう。彼らは、日本は一夫多妻型の国と受け取り、こうした記述を残したのだ。

古代世界では、一夫多妻制はそう珍しくない。社会的な地位の高い男ほど多くの女性を所有できるという通念は、多くの地域にあった。中国人たちも、自国の一夫多妻制を念頭に、日本も同じであると見たのである。

けれども、じつは日本は複婚スタイルだった。そのことは、『後漢書』の「それ以外の者でも2、3人の妻を持っている」、『三国志』の「下々《しもじも》の家でも、ある者は2、3人の妻を持っている」から類推できる。

身分の低い男にも、2、3人の妻があったのだ。仮に古代日本が一夫多妻の国だったなら、『後漢書』『三国志』の記述から試算したとき、女性は男の3倍くらい多くなければならない。

古代日本で、下々の者でも2、3人の妻を持てたのは、複婚ゆえである。だが、『後漢書』や『三国志』を書いた人たちにとって、日本の複婚スタイルは想像の範囲外にあった。そのため、日本は一夫多妻の国だと勘違いしたのだ。

なお『三国志』に、日本の女性は「慎ましやかであり、やきもちを焼かない」と書かれているが、やきもちを焼かないのも複婚ゆえである。女性だって、何人かの男たちと密に通じているのだから、特定の男に嫉妬している暇はないのだ。

江戸時代の終わりから明治の初期にかけて、来日した欧米人が一様に驚いていているのは、日本人の子供好きである。欧米人は各地を歩き、どこであれ、子供たちが大切にされていることにびっくりした。

当時の欧米人の一部が平気で子供を虐待していたからでもあろうが、日本人の子供に対する感覚は、複婚の名残《なごり》だろう。

複婚の場合、女性の産んだ子の父親は誰なのか特定しにくい。形のうえでは女性の一族の主が父親となるが、遺伝子上は、村の何人かの男たちが父親である可能性がある。だから村の男にとって、村の子たちはじつはわが子、わが孫かもしれず、そう思ったら、邪険《じゃけん》にできようはずがない。村の子は、村民全体の財産として、大切にされたのだ。

フリーSEX社会ゆえ、貞操の概念もなかった

「よばい」と複婚の古代日本は、フリーセックスが容認されており、「不倫」「貞操」の概念さえもなかった。

それは、当時の中国大陸とは真逆の世界である。漢の武帝の時代以後、中国王朝の宮廷では儒教《じゅきょう》が重んじられようになる。儒教は、女性蔑視《べっし》の教えでもある。儒教が支配的になった中国社会では、女性の貞操が重視されるようになり、女性の不倫

は咎められるようになった。

一方、古代の日本には、儒教は完全な形で流入していない。女性に貞操を求める考えはなく、女性は性に奔放でいられた。複数の男と寝る女性を「不倫」「乱倫」と断罪する者もいなかった。

それは、古代の日本社会で男女が平等だった証しでもあろう。女性は1人の男の所有物ではなく、女性を支配しようとする男もいなかったのである。

先の『三国志』の「倭人」によるなら、「集会のときの振る舞いを見ると、父子・男女の差別はない」とある。古代の日本列島には男女の差別はなく、平等に近かったと思われる。これは、よばい文化と複婚のなせるものだったろう。

このことは、世界では稀《まれ》なケースだったと思われる。古代ギリシャでは、たしかに男たちが性文化を愉しんでいたが、彼らの妻は家に押し込められてい

た。ギリシャの男たちは、妻とのセックスよりも奴隷女とのセックスを好んだ。さらには、同性愛も好んだ。その一方で、ギリシャの妻たちは捨ておかれたまま鬱屈《うっくつ》していたのである。

身分の高いお客には、一夜妻が提供されていた！

性に万事おおらかだった古代日本にあった婚姻スタイルに、「接待婚」がある。「接待婚」とは、旅の途中にある貴人に、一家の当主が一夜妻を提供するところから始まる。貴人がその女性を気に入れば、ここに婚姻関係も発生した。

古代の日本列島には、宿屋のような宿泊施設はなかったと思われる。貴人が旅をするときには、その地にある名族の家に宿泊するケースが少なくなかっただろう。地元の名族は貴人を食事や酒でもてなしたうえ、女性まで提供していたのである。

どんな女性が提供されるかは、貴人のランクによって決まったらしい。たいした貴人でないと見たなら、当主は家の下女でも提供した。かなりの貴人と見たなら、自分の娘を差し出した。あるいは、自分の妻を提供することもあったという。

一夜妻の提供は、当主にとっての打算でもある。貴人とつながりを持てれば、そのコネは一族を利することにもなろう。

その打算が成立したのは、古代日本が複婚社会だったからだ。女性のほうも貞操の概念がないため、貴人と一夜をともにするのは嫌ではなかった。むしろ、貴人の「味」を試してみたい気持ちが強かっただろう。

接待婚の名残《なごり》は、12世紀、源《みなもとの》頼朝《よりとも》と政子《まさこ》の婚姻にも見られる。父・義朝《よしとも》が平治《へいじ》の乱に敗れてのち、頼朝は平氏によって伊豆に流される。伊豆で頼朝を保護したのが、一介の土豪《どごう》にすぎない北条時政《ほうじょうときまさ》だった。北条家は源頼朝の監視役も担《にな》っていただろうが、北条時政はわが娘・政子を源頼朝に提供している。

落ち目の源氏とはいえ、頼朝は貴人の末裔《まつえい》。時政は頼朝を接待する意味で、政子を提供したわけだ。当時の伊豆には、まだ接待婚の考えが残っており、この接待婚が、のちの北条一族の天下につながり、歴史を動かしたのである。

古代の宮廷儀礼「歌垣」は、もとは奔放な交わりの場

自由奔放なセックスが当然だった古代日本にあって、男女の奔放な交わりの場の一つだったのが「歌垣《うたがき》」である。歌垣は、平安時代には雅《みや》びな宮廷儀礼となってい

たが、もとは男女の求愛の場だった。

「歌垣」は日本独得の風習ではなく、東南アジアや中国の南部にもあった習俗で、日本列島には、東南アジアから伝わったともいわれる。

歌垣は、ある特定の祝祭日に若い男女が山や海辺、川辺に集まるところから始まる。若い男女が大人公認で集まるのだから、盛り上がらないはずがない。今でいえば、大型の合コンのようなものだ。

歌垣に集まった男女はともに飲食をしながら求愛の歌を交わし、やがては一対一の睦《むつ》み合いが始まる。うまくいけば、その場でセックスが始まり、セックス・パーティーになることもあったと推測できる。

ただ、歌垣は時代を経るうちに、宮廷では一つの儀礼となり、9世紀後半には性愛色は薄れていったという。

歌が、日本の恋愛・SEX文化の基本となったわけ

古代の集団見合い「歌垣」で男女を結ぶカギとなったのは、歌である。歌を通じて男女は気脈を通じ、ともに寝る仲になった。「歌垣」の影響もあって、以後、日

本列島では、性愛文化の基本に歌が入り込んでくる。

最古の和歌は、スサノオが出雲《いずも》のクシナダヒメ（櫛名田比売）に贈ったものだ。クシナダヒメと結ばれた荒ぶる神スサノオが、出雲の須賀《すが》の宮に新居を築いたときの歌である。

「八雲立つ　出雲八重垣　妻籠《ご》みに　八重垣作る　その八重垣を」

要は、夜の営みのための新居ができたことをうれしく思った歌であり、歌によっても、スサノオはクシナダヒメを虜《とりこ》にしていたのだ。

スサノオのみならず、女性にモテようと思ったら、歌上手にならねばならない。これは女性のほうも同じである。

それは、日本の男女の意識を変えるものだった。歌が性文化の基本にある限り、モテたかったら、上手な歌をつくれるだけの教養を持たねばならない。さらに、男女の機微《きび》に通じたすぐれた感性も必要だ――。

というわけで、モテたい男女は、たんにセックスに通じるのではなく、すぐれた教養、感性を持とうと努力しはじめる。彼らは、よりよい性文化を味わうべく「学ぶ」という行為を知るようになったのだ。

こうした日本人の意識は、どんな男女がモテるかにも反映された。日本列島では単なるマッチョな男は思ったほどモテず、絶世の美女といえども「最高のモテ女」とはなりがたかった。知性や教養、感性の重要さを知った日本の男女は、相手の知性を評価するようになったからだ。

明治・大正・昭和を生きた歌人・与《よ》謝《さ》野《の》鉄《てっ》幹《かん》は『人を恋うる歌』を残している。そこには「妻をめとらば才たけて　みめ美《うるわ》しく　情《なさけ》ある」というフレーズがある。与謝野鉄幹が生きた時代は、古代以来の日本のおおらかな性文化が、ボロボロに崩壊させられた時代である。そんな時代にあっても、男たちは女性の知性、教養に大きな価値を置いていたのだ。

全国支配を確立させた、ヤマト王朝のSEX戦略とは

古代日本では、各地に有力な豪族が独立勢力として蟠《ばん》踞《きょ》していた。その有力豪族を従わせる形で日本列島の統治者となっていったのが、ヤマト王朝である。のちの天皇であるヤマトの大王が豪族たちを従えていった手法は、豪族の娘たちとねんごろになることだった。

当時、ヤマト王朝は強力な軍事力を持っていない。圧倒的な軍事力に乏《とぼ》しいヤマ

ト王朝は、セックスを利用して豪族たちを引きつけるよりほかなかったのだ。

第10代天皇とされる崇神《すじん》天皇には、事実上、初代天皇ではないかという見方がある。その崇神天皇には、3人の后妃《こうひ》があった。第8代・孝元《こうげん》天皇の孫娘に加え、紀伊《きい》の豪族の娘や尾張連《おわりのむらじ》の祖の娘を后妃としていた。

第11代・垂仁《すいにん》天皇の場合、7人の后妃を迎えている。そのうち、2人は山城《やましろ》国の土豪の娘である。第12代・景行《けいこう》天皇にもまた7人の后妃があり、その中には、吉備《きび》、日向《ひゅうが》、針間《はりま》（播磨）の有力者の娘がいた。第15代・応神《おうじん》天皇に至っては10人の后妃があり、その中には尾張の豪族とつながりのある娘が3人、日向、葛城《かつらぎ》（奈良）の有力者の娘もいた。

この時代、ヤマトの大王たちは多夫多妻の複婚制を活用していた。彼らは日本各地を訪ね、その地の有力者の娘たちと通じた。娘たちを閨《ねや》で夢中にさせれば、娘は大王のファンとなる。彼女の影響力が父親に及び、父が大王と和すなら、その地はヤマトに従っていくことになる。

6世紀初頭に即位した第26代・継体《けいたい》天皇も、豪族の娘たちとの交合に励んだ1人だろう。第25代・武烈《ぶれつ》天皇が子がないまま没し、近親者も途絶えていたため、やむなく越前《えちぜん》国を治めていた継体天皇が擁立されたが、その支持基盤は脆《もろ》かった。

そこで継体天皇がとったのは、歴代のヤマトの大王と同じく、各地の豪族たちの娘と交わり、彼らの心をつかむ作戦だった。継体天皇は武烈天皇の妹を皇后としたほか、尾張、近江《おうみ》、河内《かわち》方面の実力者の娘らと交わっている。

世界のどの地域であれ、政略結婚はあった。政略結婚はセックスを介した外交といっていいが、古代日本ではヤマトの大王みずからが、精力的に各地の女性とねんごろになった。大王が、女性たちを恋愛面でもセックスのうえでも満足させることで、日本の統治は成っていったのだ。

セックス以外の手法で、豪族たちを従えるのがいかに難しかったかは、ヤマトタケルノミコト（倭建命、日本武尊）の逸話が物語っている。ヤマトタケルは第12代・景行天皇の子であり、九州の熊襲《くまそ》の征伐、出雲征伐で知られる。熊襲、出雲は、ともにヤマト王朝にとって大敵だった。

宮廷では乱暴者と恐れられたヤマトタケルだが、彼は自分の腕力では熊襲を征服するのは無理と悟った。彼は女装して熊襲の兄弟に近づき、彼らが心を許した隙を突いて殺害している。

ヤマトタケルの手法は卑劣だが、それは出雲征伐でも繰り返された。イズモタケル（出雲建）も強敵だったから、ヤマトタケルはイズモタケルには友人になるふりをして近づく。2人は仲良くなり、斐伊川《ひいかわ》で沐浴《もくよく》する。この沐浴を前に、ヤマトタケルはみずからの太刀《たち》を使えない代物《しろもの》に細工していた。沐浴ののち、ヤマトタケルはイズモタケルに太刀の交換を持ちかけ、太刀合わせを申し出る。

これを受けたイズモタケルだが、偽の太刀ゆえ、使い物にならない。そこを突いて、ヤマトタケルはイズモタケルを殺し、出雲を征服する。

セックスを使わない征服を選ぶなら、これほどに汚い手法を使わざるをえなかったわけで、そのためヤマトの大王は、セックスによる征服と統治を選んだ。ヤマトタケルとて、尾張では豪族の娘を妻としているから、彼もできれば〝性の外交〟で解決したかっただろう。

ヤマトタケルが象徴する日本の男装・女装文化

先のヤマトタケルによる熊襲暗殺は、日本人の性文化を象徴するエピソードでもある。ヤマトタケルは女装して熊襲の気を引き、油断した隙《すき》を突いて殺害している。この女装こそは、日本人の性文化を考えるヒントになる。

以後も、日本では女装する男、男装する女性が妖《あや》しい魅力を放ち、異性の心を波立たせていく。平安時代あたりから、寺院の高僧たちは少年愛に目覚め、稚児《ちご》を養い、情を交わすようになる。高僧たちは稚児に化粧を施し、女性よりも女性的な存在にまでしようとした。

江戸時代になると、女性が歌舞伎《かぶき》俳優になることが禁じられ、男が女性役をこなすようになる。女装する歌舞伎俳優もまた、花形役者となった。

一方、中世には白拍子《しらびょうし》という遊女たちが、武士や貴族たちを魅了した。彼女らは、男装の麗人たちである。

男装の麗人の系譜は、現代では宝塚歌劇団に行き着く。男装の麗人は、女性にもない、男性にもない魅力を放ち、これまたスターとなっている。

どうやら日本人の性意識、美意識には、完全な男

でもなければ、完全な女性でもない、もう一つの性的存在を評価するところがあるようだ。それは「第三の性」といっていいかもしれない。「第三の性」は女性よりも可憐《かれん》な男でもあり、どんな男よりもイケメンな女性でもある。

そうした「第三の性」のような存在は、世界では排撃もされやすい。けれども、日本ではたいてい認められ、称賛さえ受けてきた。

現代にあって、日本のオタクは世界からは「変態」と呆《あき》れられもしているが、「第三の性」は、日本人の「変態文化」のたまものなのかもしれない。

孤独な女王・卑弥呼にも、SEXフレンドがいた？

古代の日本にあって、男女は自由な性愛を愉しんでいた。ヤマトの大王もまた、セックスで豪族の娘たちを魅了することで、統治を進めてきた。そんな中、例外的な存在だったと思われるのが、耶馬台国《やまたいこく》の女王・卑弥呼《ひみこ》である。

卑弥呼の耶馬台国は、畿内にあったとも、九州にあったともいわれる。ヤマト王朝とは別物とする説もあるが、卑弥呼の置かれた立場は、ヤマトの大王たちとは完全に逆である。

卑弥呼は、耶馬台国で戦乱が絶えなかったために男王たちに代わって擁立された、巫女《みこ》的な女王である。彼女は神託によって国を治め、実質の政務は弟が行なった。『三国志』「倭人」によるなら、千人の侍女にかしずかれていたが、それ以外、人と会うことはほとんどなかったという。

女王・卑弥呼は、孤独な存在だった。彼女のみが、古代のフリーセックスの文化から外されていたわけで、ヤマトの大王が自由恋愛、フリーセックスの文化を利用して、王たりえたのとは正反対である。

ただ、そんな孤独な卑弥呼にも、セックスパートナーはいたようだ。先の『三国志』「倭人」によるなら、ただ1人の男が食事の世話をし、内外の取次役として奥部屋に出入りしていたという。

彼は、孤独な女王・卑弥呼に接することのできる唯一の男である。そこに、情愛が生まれないはずはない。世話役の男は、卑弥呼のセックスパートナーであり、恋愛相手だった可能性が高い。

もとより、神霊に通じる巫女的な女王は、神聖な存在でなければならない。だから、男を近づけてはならない。複数の男たちが自由に卑弥呼のもとに出入りできるなら、卑弥呼の心を捉えた男が支配者になりかねないからだ。

そんなわけで卑弥呼は自由な恋愛を奪われていたのだが、それでも当時の男たちには、卑弥呼に憐憫《れんびん》の情があったのだろう。世話役の男を1人出入りさせることによって、卑弥呼を女性として尊重し、セックスも愉しめるようにしたのである。だとすれば、古代人は男女の機微がわかっていたといえるだろう。

二章

「不倫」の二文字がない貴族社会と「男色文化」を興隆させた仏教界

天皇たちが「近親婚」を繰り返した、もっともなわけ

6~7世紀、ヤマト朝廷は成長を遂げ、国を充実させていく。そんな時代にあっても、日本人の性意識は変わらず、自由恋愛、フリーセックスを愉《たの》しんでいた。

さらに当時は、近親婚も多かったと思われる。同じ両親から生まれたきょうだい同士はタブーだが、腹違い、種違いならきょうだい同士でも一緒になった。ヤマト朝廷自体、近親婚によって成立していたのだ。

日本最初の女帝といえば推古《すいこ》天皇だが、彼女の結婚相手は異母兄の敏達《びだつ》天皇である。敏達天皇の崩御《ほうぎょ》ののち、新たに即位する用明《ようめい》天皇の后は、異母妹の穴穂部間人《あなほべのはしひとの》皇女《ひめみこ》だった。彼らから生まれたのが、厩戸皇子《うまやどのおうじ》（聖徳太子）である。聖徳太子もまた、異母妹を妻に迎えている。

推古天皇に続いて即位する舒明《じょめい》天皇もまた、近親婚から生まれている。彼の父と母は、敏達天皇の異母きょうだいだった。

舒明天皇の子には、天智《てんじ》天皇、天武《てんむ》天皇という古代屈指の英雄型天皇がいる。その天武天皇が后としたのは、天智天皇の娘である持統《じとう》天皇だった。天武天皇は、姪《めい》

と結婚していたのだ。

朝廷の天皇たちが近親婚を行なったのは、王家の血を尊び、王家の血筋で身内を固める意味もあっただろう。と同時に、もっとも手近な相手に向かっていたと思われる。

古代から中世にかけて、社会は狭い。男も女も手近なところで相手を見つけることが多い。天皇家も例外ではなく、手近な女性にアプローチしていたのだ。

この時代、近親婚のタブーはそうはなかったと思われる。そもそも、日本をつくったイザナギとイザナミも、きょうだい同士でまぐわっている。やがて、きょうだいでのセックスはタブーとなっていくが、当時の日本ではそこまで忌避《きひ》されるものではなかったのだ。

額田王を巡る、天智・天武兄弟の三角関係は本当にあった？

『万葉集』の世界で、最大の三角関係といわれてきたのは、額田王《ぬかたのおおきみ》、天智天皇（中大兄皇子《なかのおおえのおうじ》）、天武天皇（大海人皇子《おおあま》）の恋の鞘当《さやあ》てだ。

中大兄皇子、大海人皇子は、ともに舒明天皇と皇極《こうぎょく》（斉明《さいめい》）天皇を父母とする兄弟である。英雄気質の2人の兄弟は、額田王を巡って争い、大海人皇子は泣く泣く、兄である天智天皇に額田王を譲ったという話である。

それでも、大海人皇子と額田王の関係が切れたわけではなく、2人は密会を重ねていたという説もある。

『万葉集』には、額田王と大海人皇子の逢い引きを思わせる歌が収録されている。

「茜《あかね》指す紫《むらさきの》野行き標《しめの》野行き野守《のもり》は見ずや君が袖《そで》振る」（額田王）

「紫の匂《にお》へる妹《いも》を憎くあらば人妻ゆえに我恋《こ》ひめやも」（大海人皇子）

要は、逢い引きの場で、額田王は袖を振る大海人皇子に「そんな目立つことをしたら、見張りに見つかっちゃいますよ」と諭《さと》す。これに対し、大海人皇子は「あなたが人妻であろうと、恋しいのです」と返す、密会の歌と解釈されてきた。

ただ、これには異説もあり、宴席の場で2人がじゃれあって叩いた軽口ではないかという見方もある。また、天智天皇が額田王を寵愛《ちようあい》したという証拠はないという指摘もある。

真相は闇の中だが、額田王が2人の兄弟と同時に交わっていた可能性はないとはいえない。

すでに述べたように、日本は古代以来、複婚の国である。男は複数の妻と通じ、女性もまた複数の男と交わってきた。複婚は朝廷内にもあっておかしくなく、額田王が大海人皇子、天智天皇の双方と性愛を愉しんでいたとしても不思議ではない。

そこには、女性を奪った、奪われたという意識はないのだ。

唯一、不満を持っていたかもしれないのは、大海人皇子だろう。彼と兄・天智天皇の仲は良好ではなかったと思われる。天智天皇は晩年、みずからの没後に大海人皇子が皇位簒奪《さんだつ》に動くのではないかと疑っている。

実際、大海人皇子は天智天皇の子・大友《おおとも》皇子（弘《こう》文《ぶん》天皇）を自殺に追い込み、皇位を奪っている。そんな間柄だけに、「なぜ、兄なんかがいいんだ」といった思いはあろうが、そこに恋人を奪われたという被害者意識はなかったと思われる。

道鏡の巨根によって、皇室は最大の危機を迎えていた！

古代が終わり、中世が始まりそうな8世紀なかば、日本の皇室は存続の危機を迎えていた。怪僧・道鏡《どうきょう》が、天皇になろうとしていたからだ。

道鏡は、河内《かわち》（大阪府）出身の僧侶である。彼は宮中の内道場に入って禅師《ぜんじ》となり、孝謙《こうけん》天皇を看病したことで彼女の寵愛を得た。

孝謙天皇と道鏡は、深い男女の仲にあったとされる。よく言われる説が、道鏡の巨根に魅了された孝謙天皇がそれなくして性を愉しめなくなり、道鏡に言われるがまま、彼を次々と出世させていったというものだ。

道鏡は天平神護《てんぴょうじんご》元年（765）、太政大臣禅師《だじょうだいじんぜんじ》に昇進、その翌年には法王《ほうおう》となっている。道鏡が昇進していく時代、何が起きていたかといえば、藤原仲麻呂《ふじわらのなかまろ》（恵美押勝《えみのおしかつ》）の乱と、淳仁《じゅんにん》天皇の廃位である。孝謙天皇と道鏡によって、道鏡に対抗しようとする者らは、排除、抹殺《まっさつ》されていったのだ。

道鏡が孝謙天皇の寵愛を独占する以前、藤原仲麻呂は宮廷一の実力者であった。彼の存在を評価したから、孝謙天皇は退位し、淳仁天皇に譲位もしていた。

けれども、孝謙天皇が道鏡との性愛に溺《おぼ》れるようになると、状況は一変。彼女が道鏡を昇進させ続けたから、道鏡が天皇になる可能性が生まれてきたのだ。

孝謙天皇が道鏡にはまったのは、40代のころ。女として最後の盛りといってよく、彼女は道鏡に固執《こしつ》した。もし2人の間に子ができれば、その子が天皇になる可能性もある。その中継ぎとして道鏡も天皇となり、道鏡が別の女性との間にも子をつくるなら、その子たちも天皇に擁立されるかもしれない。こうなると、天皇家は道鏡に乗っ取られ、男系は途絶えてしまう。

孝謙天皇と道鏡を切り離すには、藤原仲麻呂であれ、誰であれ、孝謙天皇と交わり、道鏡とのセックス以上の快楽を味わわせるしかない。それができなかったから、藤原仲麻呂はクーデターに出ざるをえず、失敗、敗死する。孝謙天皇は淳仁天皇を廃し、みずから称徳《しようとく》天皇として重祚《ちようそ》した。

道鏡は天皇へあと一歩のところまで迫るが、その野望は、称徳天皇が没したことで崩れ去る。だが、道鏡の存在は天皇家を戦慄《せんりつ》させ、女帝の封印が始まった。

6〜7世紀にかけて、日本では女性天皇の姿があった。推古天皇に始まり、皇極（斉明）天皇、持統天皇、孝謙（称徳）天皇らであり、孝謙天皇を除いては、女帝でもうまく機能していた。

古来、日本には男が女性を支配するという概念に乏《とぼ》しく、女帝が男の家臣を従えても何の問題もなかった。血統的にも、偶然もあろうが、男系が守られてきた。女帝でも何の問題もなかったが、道鏡の登場によって、女帝は天皇家の血統を絶ちかねない存在となる。

女帝が好きな男と性交を繰り返し、男子を産むなら、宮廷は女帝一族に支配され、歴代天皇の近親者は排除されかねない。その危機を認識した天皇家では、江戸時代に至るまで、しばらく女帝を封印してしまったのだ。

妻の家にSEXしに来る「通い婚」が当たり前だった平安時代

平安時代になっても、男と女のルールは古代以来の自由恋愛、フリーセックスが基本だった。まずは「よばい」が基本にあり、そこから男女の仲が生まれた。「よばい」で互いが好き合うようになれば、「通い」が始まる。夜になると男が女の家に日々通い、性を営む。何度も通えば、夫婦の仲と見なされた。これが「通い婚」である。平安時代は男が女のもとに通う「通い婚」が、一つの基本にあった。「通い婚」は、「妻問婚《つまどいこん》」とも「招婿婚《しょうせいこん》」とも呼ばれた。日本のみの慣習ではなく、インド南部や高句麗《こうくり》などにもその風習があったとされる。高句麗は、満洲南部から朝鮮半島北部を支配した古代国家であり、ヤマト朝廷のライバルでもあった。

「通い婚」では、一つのルールがあった。一番鶏が鳴くころには、男は女性のもとを去らねばならなかった。日中は離ればなれになり、夜が来たら再び訪れて逢瀬を重ねるという繰り返しだ。

「通い婚」には、その発展型もある。ついには、男が女性の家に住み着くのだ。宮廷世界では、住み着いた先の女性が正式の妻となった。

ただ、近年、これには異説もある。「通い婚」がある一方、実力者たちは複数の女性を同居させていたのではないかというのだ。

奈良では、高市皇子《たけちのおうじ》の子・長屋王《ながやのおう》の住宅跡が発掘されている。奈良時代初期、当代一の実力者とされた長屋王の広大な邸宅跡には、正妻とおぼしき者との同居空間があるとともに、側室とおぼしき女性たちの空間も発見されている。この邸宅跡を一つの証拠として、古代社会では「通い婚」ばかりではなかったという見方も生まれているのだ。

もう一つ、「よばい」については、強姦《ごうかん》と紙一重だったとも類推できる。『源氏物語』の主人公にしろ、意中の女性が格下だったり身分が低い場合には、半ば強姦のようにして同衾《どうきん》している。

実際のところ、優雅そうに映る平安貴族の社会では、強姦事件も発生していた。男が強引に女性の家に押し入り、レイプしているのだ。女性を守ろうとする家族にも危害を加えて平気である。そこには、歌のやりとりも何もない。

朝廷は、これを黙認していた。関白《かんぱく》・藤原道長《みちなが》の子・能信《よしのぶ》に至っては、強姦犯を支援さえもしていた。このあたりに、平安時代の暗部が見えてくる。

平安時代の宮廷で生まれていた女性のヒエラルヒーとは

奈良〜平安時代、女性たちは自由奔放な性を愉しみ、彼女らはおおむね平等だったと思われる。けれども、平安時代の宮廷にあっては、女性たちの中に上下関係、いわばヒエラルヒーに近いものが生まれていた。

もっともエラいのは「嫡妻《ちゃくさい》」であり、これは1人しかいない。次いで「本妻《ほんさい》」があり、その下に「妾妻《むかいめ》」の存在があった。

嫡妻は「正妻」ともいわれ、たいていはその男の最初の妻である。嫡妻の地位が高いのは、嫡妻の前では男はつい従順になってしまうからだ。男の少年時代、たいてい彼女は年上の存在であり、男の世話役である。母親代わりでもあれば、性の手ほどきをしてくれた人でもあり、ゆえに最初の妻となった。

男にすれば、嫡妻によって性の快楽を知ったのだから、彼女は特別な存在になる。それも何かと世話をしてもらっていたから、頭が上がらず、彼女を大事にせざるをえない。男は嫡妻の家に住み着くこともあれば、やがて嫡妻を自分の家に迎え入れ、一緒に住むこともあった。

ただ、例外もあった。『源氏物語』の主人公・光源氏の嫡妻は葵《あおい》の上である。それは源氏の望まぬ婚《こん》姻《いん》だったようで、2人の仲は最初から冷えていた。源氏は亡き母の面影を追い、母に似た女性・藤壺《ふじつぼ》に恋慕していた。

本妻は、その後に男が妻とした相手のうち、嫡妻と同格の身分の女性たちのこと。男によっては、『源

氏物語』の主人公のように何人もの本妻を持つこともあった。『源氏物語』でいえば、紫の上、六條御息所《ろくじようのみやすんどころ》、明石《あかし》の上といったところだろう。

妾妻は、男が妻とした相手のうち、身分の低い女性たちである。彼女らは、身分が上の男と通じても身分は低いままだった。

このように平安朝の宮廷では、女性の家の身分、つまりは血統・財産などがそのまま女性を支配した。身分の高い女性なら多くの男たちが妻にしようとし、モテまくった。一方、身分の低い女性は、身分の高い男たち相手には遊ばれるままである。宮廷世界では、自由な恋愛はあっても、身分階層があるために鬱屈《うつくつ》もあったのだ。

教養＝歌詠みが大前提となっていた、宮廷の男女関係

平安時代、『源氏物語』に見られるように、宮廷にあっての性愛は優雅だった。だが、その優雅さは教養が大前提となっていて、宮廷の男女には重荷にもなっていた。平安朝の宮廷では、男は一気に「よばい」を仕掛けていい立場ではない。意中の女性に認められなければ「よばい」できなかったのだ。

「よばい」の前に、平安朝の男たちに求められていたのは、恋文届けである。恋文

には歌をしたため、いかに恋慕《れんぼ》しているかを女性に訴える。このあと、女性が歌を返し、何度かやりとりがあったのち、初めて「よばい」が認められる。女性の返信がなければ相手にされていないので、「よばい」を仕掛けられない。

伝説によると、平安朝屈指の美人とされる小野小町《おののこまち》は、深草少将《ふかくさのしょうしょう》の恋文をすべて無視した。それでも諦めきれない深草少将は恋焦がれ、ついには病死してしまうが、女性は意に沿わぬ男なら、最初から無視できたのである。

平安朝の宮廷で「よばい」にまで持ち込むには、歌を詠まねばならない。それも相手の心をうっとりさせ、高揚させる歌だ。技巧の洗練された歌ほど高く評価されたので、よき歌をつくるには、男女ともども教養を磨かねばならなかったのだ。

平安朝の宮廷では、歌もろくに詠めないような男は相手にされず、教養のある男が好まれた。それは女性とて同じである。セックスの前にまず歌を詠むことで、平安朝の宮廷は雅びやかになった。その一方、堅苦しいものでもあったのだ。

平安貴族が歌作りと妻の獲得に励んだ、もう一つの理由

平安貴族たちが、女性を得るために、巧みな技巧の和歌を詠む努力を厭《いと》わなかっ

たのは、たんに性的な欲求からのみではない。平安貴族にとって、妻を獲得することは、財産づくりのためでもあった。

出世し、宮廷内で力を得ようとするなら、財力が物を言う。しかるべき筋に賄賂《わいろ》を贈れば昇進も可能だったから、そのためには資産が必要である。平安貴族たちは妻の実家に支援を求めていたのだ。

古代より、日本の通い婚では、結婚しても、夫の財産と妻の財産は別物である。夫は妻の資産を自分のものにすることはできないが、妻を動かせば、妻の実家からの支援は得られる。

そのため、平安貴族たちは、財産家の貴族の娘を狙うことがしばしばだった。身分はそう高くなくても、資産家の娘なら、結婚相手として望むところだったのだ。

『源氏物語』でも、光源氏は裕福な貴族の娘とよく交わっている。主人公は六條御息所と通じるが、それは彼女の家が相当に裕福だったからでもあろう。明石に流されたときも、明石の上と通じている。明石の上の一族が援助してくれたからこそ、主人公と明石の上の間にできた子は中宮《ちゆうぐう》（天皇の后）にまでなる。光源氏の権力は、明石の上の実家の資産にあったといってもいい。

こうしてみると、平安貴族の結婚はかなり打算的である。見目麗《みめうるわ》しき女性に恋慕の歌を贈りながらも、その一方で、裕福な家の娘に情熱的にアプローチする。カネも女も得るのが、平安貴族の理想だったようである。

藤原氏が摂関政治を盤石にできた秘密は「招婿婚」

平安時代は、藤原氏による摂関《せっかん》政治の時代でもある。それは、古代以来の「招婿婚（通い婚）」の行き着いた先でもあった。

平安時代、藤原氏は天皇家と婚姻関係を結び、天皇は藤原氏から皇后を迎えた。天皇と皇后の間に生まれた皇太子は、藤原氏出身の関白や摂政《せっしょう》に支えられて政治をみたから、実質、藤原氏の関白、摂政の言いなりだった。

藤原氏が天皇をうまく操《あやつ》れたのも、古代以来の通い婚の本質を利用できたからだ。通い婚では、夫婦から生まれた子は、妻の実家で育てられる。たとえ皇太子でも、藤原氏の皇后の子なら、実家の藤原一族のもとで育てられる。

幼少から藤原一族のもとで養育された皇太子は、当然、その影響を強く受けて育つ。天皇として即位しても、藤原家には頭が上がらず、藤原家の関白や摂政の前では自分の主張を通しにくくなってしまうのだ。

こうなると、天皇の結婚相手も藤原氏によって決められる。天皇は藤原氏の意向に逆《さか》らえず、またも藤原氏の娘を皇后に迎え入れる。彼らから生まれた皇太子もまた、同じ運命をたどり、藤原氏の栄華が確立されていったのだ。

乳母は、天皇にとって忘れられない「Hなお姉さん」だった

平安時代、貴族たちは「よばい」と通い婚に励んだが、では天皇はどうだったか。天皇も「よばい」をしていただろうが、じつは、それ以前に天皇は「男」になっていた。

中世、天皇を「男」にしたのは乳母である。ここでいう乳母とは、皇太子時代の天皇の教育係のこと。乳母は皇太子が幼いころからお世話をし、皇太子が14歳くらいになると、添い寝をして性の手ほどきをした。

このとき、乳母の年齢は20代半ば。すでに性の悦楽を知り、どうすれば男を悦ばせられるかも知っている。しかも、皇太子の養育係になるほどの乳母だから、美しく、かつ洗練されている。彼女に添い寝されれば、皇太子も激しく勃起しただろう。事を終えたのち、皇太子が知ったのはこの世の極楽だったに違いない。

以後、皇太子は性を追求、溺《おぼ》れていくようになる。多くの女性を相手にするようになる天皇も少なくないだろうが、中には手ほどきをしてくれた乳母を生涯〝最高の女性〟と見なす天皇もいる。天皇が年上の乳母を側室として愛し続けるケースもあったし、皇后よりも乳母を大切にすることすらあった。

事実、仁明《にんみよう》天皇や花山《かざん》天皇は乳母に子どもを産ませているし、後深草《ごふかくさ》天皇は最初の乳母とのセックスを忘れがたきものとして回想している。中世、天皇と乳母は熱愛関係に陥りやすかったのだ。

なぜ、日本の宮廷は宦官制度と無縁だったのか？

日本の性にまつわる不思議に、宦官《かんがん》の不在がある。宦官とは、男性器を切除した男のこと。彼らは性能力を喪失しているがゆえに、皇帝や王たちの後宮（ハレム）の管理を任せられた。

じつのところ、宦官は、世界ではメジャーな存在である。宦官の発祥は西アジアだとされるが、その後、東地中海のビザンツ帝国、インドにも広まる。中国大陸でも宦官の制度は古くから根づいていた。

宦官の制度は、中国王朝を経由して朝鮮半島の王朝にも伝わっている。その流れからすれば、日本に伝来してもおかしくなかったが、日本の宮廷はこの制度とは無縁であり続けた。

日本が宦官制度を入れなかった理由の一つは、去《きょ》勢《せい》の技術が未熟だったからだろう。家畜を飼い、家畜を去勢する技術と文化を有している民族が居住する地域なら、これを人に当てはめ、宦官をつくりだすことができる。けれども、日本には家畜文化が乏《とぼ》しく、すぐれた去勢技術を持たなかった。そのため、宦官を誕生させたくてもできなかったという見方がある。

と同時に、日本の宮廷は後宮制度による天皇の女性独占を嫌った。宦官は、皇帝や王のために他の男たちを近づけないようにする後宮の守護者だから、平安貴族たちはそんな宦官を認めがたかったのだ。

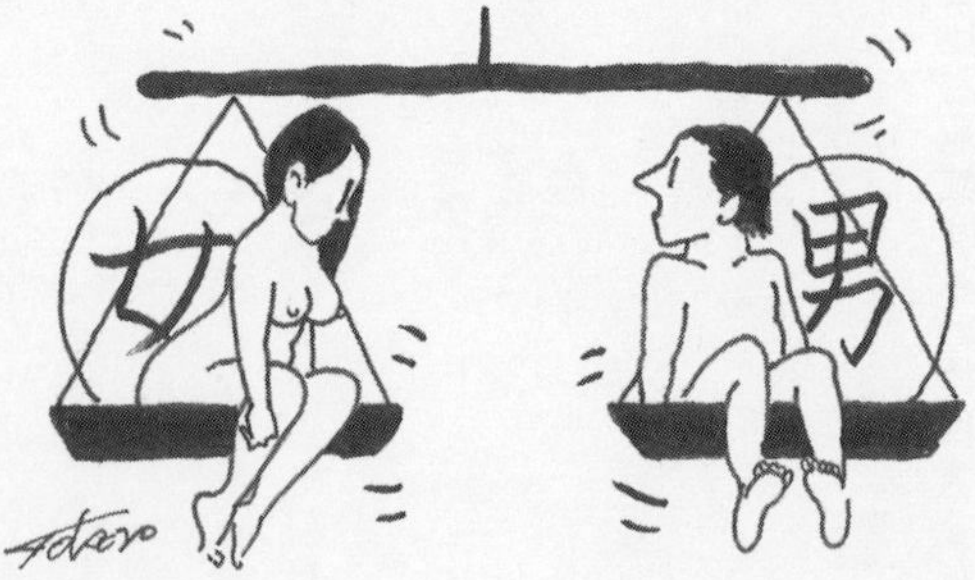

明治になるまで、日本はフリーセックス、自由恋愛の国である。そんな文化の中では、たとえ天皇であれ、女性たちを独占してはならなかったのだ。基本的には天皇の后には手を出さないにせよ、平安貴族たちは天皇の愛人でさえもひそかに狙っていた。

そうした願望は、『源氏物語』に現れている。『源氏物語』では、光源氏が天皇の后妃である藤壺を犯し、子を産ませている。それは、じつは藤原氏の男たちのひそやかな願望だったとも考えられるのだ。

しかも平安時代は、上皇と天皇が併存する院政の時代でもある。「治天《ちてん》の君」上皇は天皇の上位にあるが、両者はヘタをすれば、女性を取り合いかねない。上皇にとっても、天皇にとっても、どちらかが後宮の女性を独占しかねない状況や、それを管理をする宦官など御免だったのだ。

処女に価値なし！ 貞操を問われなかった王朝社会

世界には、女性の貞操《ていそう》が尊ばれ、処女に大きな価値を見る地域は多い。日本でも近代に一時期そうした価値観があったが、それは例外的な時代である。

古代以来、日本人は処女に価値を見いださず、貞操の概念もなかった。平安貴族の社会もそうである。天皇にしてからが、処女にまったく価値を置いていなかったようだ。

『伊勢物語』には、藤原高子《こうし》という女性が登場する。主人公・在原業平《ありわらのなりひら》と情交していた女性だが、藤原氏出身ゆえに清和《せいわ》天皇の后となる。清和天皇は2人の関係を知っていたようだし、結婚後も2人の逢い引きを黙認さえしていた。清和天皇もまた、処女に価値を見いだすことなく、貞操も期待していなかったのだ。

一方、臣下は臣下で、天皇と情を交わした女性をもらい受けることを喜んだ。典型は、白河《しらかわ》天皇と平忠盛《たいらのただもり》の関係だ。

白河天皇は、ひところ祇園女御《ぎおんのにょうご》と呼ばれる女性を寵愛していたが、彼女を忠盛に与えたのである。忠盛は、祇園女御の処女性などまったく問題にせず、ありがたくいただいている。

忠盛と祇園女御から生まれるのが、清盛《きよもり》である。ただ、忠盛と祇園女御が男女の関係になったとき、祇園女御はすでに懐妊していたという。つまり、清盛の実父は白河天皇だったことになり、実際、白河天皇の取り立てもあって、平家は台頭していく。

平安時代あたりから、春画は出回っていたって?!

日本で春画といえば、江戸時代の浮世絵師たちの作品が知られる。春画とは「枕絵」とも「笑い絵」ともいい、男女の性の営みを描いた画である。

春画は、世界各地に古代から存在した。日本でも、7世紀には存在したと思われる。法隆寺の天井裏に描かれた墨絵の春画が、今のところ、日本でもっとも古いとされている。法隆寺は607年に建立ののち焼失し、700年ころに再建されている。このころには春画を描く者たちがいて、こっそり描いていたようだ。

その後、春画需要は拡大し、平安時代あたりにはかなり出回っていたと見られている。『源氏物語』にも、春画を描いて愉しむ男女が描写されている。すでに紹介した「陽物比べ」も、春画の一種といえば、そうなるだろう。

春画が求められたのは、一つには性教育の意味があったからのようだ。平安時代、若い娘に春画を与え、事前に男女の営みがどういうものかを教えもしていた。いかにフリーセックスの時代でも、初めての性交にはさまざまな難関が待ち構えている。事前に春画によって男女の営みを知っておけば、初めての性交もうまくいくだろうというわけだ。

また、春画には呪術的な意味合いがあったと思われる。中世、春画を持っていれば災難に遭わないという信仰があったのだ。

男女の営みは、人の心を高揚させ、子づくりという繁栄にもつながる。そこからセックスに神秘的な力を見た人々は、そうした絵を持っていれば豊穣《ほうじょう》と神秘の力の加護が得られると考えたのだ。

武士の世になると、春画は「勝絵《かちえ》」ともいわれるようになる。武士は春画を鎧《よろい》の下に忍ばせ、出陣したという。彼らも春画に神秘的な力を感じ、春画の力の加勢を得れば、戦いに勝てると考えたのである。

12世紀後半、平安時代も終わろうとするころ、日本では春画は一つの芸術作品の域に達する。『小柴垣草子《こしばがきぞうし》』という春画集が描かれ、平清盛の娘である建礼門院《けんれいもんいん》に贈られたのである。ちょうど建礼門院が高倉《たかくら》天皇と婚約したときであり、これを記念して、彼女の伯母が厄除けに贈ったとされる。

『小柴垣草子』とはどんなものかというと、一つの物語である。10世紀、京都の野宮《ののみや》神社で、花山天皇の娘・済子《なりこ》が、伊勢神宮の斎宮《さいぐう》となるため、斎戒沐浴《さいかいもくよく》しているとき、警護役の平致光《むねみつ》と密通してしまった。いかにフリーセックスの平安時代とはいえ、斎宮は清らかな体でなければならない。密通事件はスキャンダルとなり、スキャンダル性が高いゆえに春画の題材となったのだ。

『小柴垣草子』の原本は残っていないが、多くの模写本がある。模写とはいえ、そのレベルは高く、『小柴垣草子』はその後の春画の手本となった。江戸時代にも模写本がつくられていて、春画文化の先駆となっているのだ。

なぜ、寺院は早くから「性の巣窟」化してしまったのか？

6世紀以後、日本の性文化は微妙に変質を始める。仏教が渡来してきたからだ。仏教は、性に関してネガティブな見方をし、出家した僧侶に不犯《ふぼん》を求める。僧侶は、女性と交わるのはもちろん、女性に触れてもいけない。マスターベーションも、本当はしてはいけない。

仏教集団は、日本で初めて禁欲を理想とした者たちだった。フリーセックス、自由恋愛の国に、セックスを邪悪なものと見なす集団が闖入《ちんにゅう》してきたといっていい。

それも、国家が保護する集団である。都には壮麗な伽藍《がらん》の寺院が建立され、8世紀には聖武《しょうむ》天皇によって、全国に国分寺《こくぶんじ》、国分尼寺《こくぶんにじ》も建てられている。都はおろか、全国に禁欲を説く集団が登場していたのである。

国家保護のもと、仏教集団は禁欲集団として孤高を保ち、支持者を拡大しようとした。国家も僧や尼たちに禁欲を求め、8世紀初頭には「僧尼令」を出して姦淫《かんいん》を戒《いまし》めている。

けれども、禁欲集団としての僧らは、早々に敗北していた。そもそも、禁欲をまっとうすることは相当に難しい。キリスト教の支配する中世ヨーロッパ世界はセックスを罪悪視し、忌避《きひ》しようとしてきたが、それでもカトリックの僧たちは陰で愛欲に耽《ふけ》った。まして、フリーセックスの中世日本である。周囲が愉しんでいるのに、みずからに禁欲を課すのは無理な相談だった。

もともと、国分寺と国分尼寺を分けて建てたのは、僧と尼が同じ空間にいれば、誘惑に駆《か》られやすいと恐れてのことだ。にもかかわらず、寺院はすぐに「性の巣窟《そうくつ》」と化した。僧たちは尼と通じ、一般女性とも通じた。

平安時代ともなると、僧がひそかに妻帯するのは、珍しくも何ともなくなっていた。僧たちは「外面似菩薩《げめんじぼさつ》、内心如夜叉《にょやしゃ》（外面は菩薩に似て、内心は夜叉のごとし）」という警句で女性を見て、みずからを戒めようとしたが、それでも性欲を抑えることはできなかったのだ。

12世紀後半に澄憲《ちょうけん》という高僧がいたが、彼もまたご多分に洩《も》れず、妻帯者だった。彼は子供まで産ませており、子の聖覚《しょうかく》に自分の寺を継がせている。澄憲は法然《ほうねん》の弟子であり、親鸞《しんらん》の兄弟子でもあったからエラいお坊さんである。それほどに学識ある僧でも、不犯を守れなかったのだ。

「不犯の誓い」はなし崩し！ 僧侶が生んだ偽善文化

フリーセックスの国・日本では、僧侶の不犯の戒律はすぐに破れ、僧の妻帯は当たり前のようになる。それでも、僧たちは高潔な僧として振る舞おうとし、みずからの姦淫《かんいん》を隠そうとした。

12世紀、武家台頭の時代を生きた後白河上皇《ごしらかわじょうこう》は、「隠すは上人《しょうにん》、せぬは仏」という言葉を残している。13世紀末の『沙石集《しゃせきしゅう》』という仏教説話集に収録された言葉で、上人とは高僧のことだ。

高僧でも平気で妻帯し、妾《めかけ》まで持ちながら、これを隠そうとする。仏のような人物のみが性の誘惑に負けずにいると、嘆《なげ》いているのだ。

姦淫の国・日本で僧侶の姦淫が嘆かれるのは、僧侶が不犯を建前としているからだ。不犯の堅い意志を持ち、仏に近づこうとしているから、僧侶は高徳者を自任する。この建前のもと、僧侶は高い身分を保証され、多くの帰依《きえ》者もいた。当時、寺社勢力といえば、宮廷に次ぐ第二権力だったといっていい。

ところが、その根本が守られていない。人々はここに偽善を見て、腐敗を感じた。それまでの日本社会では、偽善文化はさほどなかったと思われる。天皇さえ高徳な者として振る舞う必要はなかった。天皇家の正統性は、彼らが神々の子孫であることにある。必ずしも徳の高い大王である必要はなく、人間的な天皇も数多くいた。

一方、僧侶たちの正統性の根源の一つは、彼らの高徳にあり、不犯にあったが、彼らはこれを守れない。ゆえに、偽善的な人間とならざるをえず、一つの偽善文化をつくってしまったといえるだろう。

浄土真宗の祖・親鸞が公然と妻帯を始めた、意外な理由

12世紀、僧侶の妻帯はすでに日常の風景となっていたが、それでも寺社側は妻帯を否定してきた。そんな偽善がまかり通る中、公然と妻帯したのが、親鸞である。

親鸞は浄土真宗《じょうどしんしゅう》の開祖とされる。彼は比叡山《ひえいざん》で修行したのち、浄土宗の法然《ほうねん》のも

とにあり、そのときに妻帯したとされる。

　親鸞が妻帯を決意したのは、さまざまな理由からだろうが、直接には夢のお告げのためだと伝えられる。親鸞が京都の六角堂に籠《こ》もったとき、救世《くせ》観音から夢で以下のようなお告げがあったという。

「行者宿報にてたとい女犯すとも、我玉女の身と成りて犯せられむ。一生の間よく荘厳《しょうごん》して、臨終引導にて極楽に生ぜしめん」

　要するに、親鸞が女性を欲しくてたまらなくなったとき、わたし（観音）が玉女に変身して、交《まじ》わってあげましょう。あなたの一生がすばらしいものであり続けるようにし、臨終のときは極楽へと導きましょう、という内容である。

　ずいぶんと都合のいい話だが、理論的には親鸞は「末法破戒《まっぽうはかい》」の論者だったと思われる。末法破戒とは、仏教でいう末法の世には、戒律が守られるはず

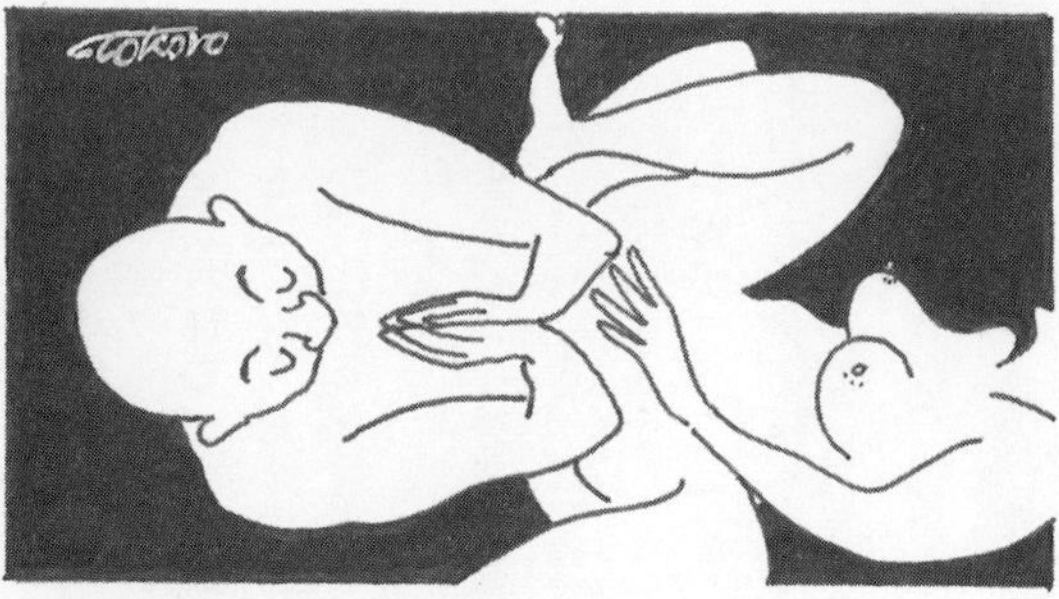

もない。だから女犯という破戒を行なっても、もはや破戒とは言わないのだという考えである。

末法破戒は、末法思想から生まれたものだ。仏教の世界では、釈迦《しゃか》の入滅《にゅうめつ》後、正《しょう》法《ぼう》、像法《ぞうぼう》、末法と時代を経ていく。正法、像法では仏の教えは行なわれるが、末法の世には仏の教えは為されなくなる。日本では永承《えいしょう》7年（1052）から末法の世が始まったとされ、一部の僧たちは末法破戒の思想に行き着いた。法然も、親鸞も同様だったのだ。

さらにいえば、親鸞は「共感の人」だったと思われる。これまで、寺社勢力が相手にしてきたのは平安朝の貴族たちであり、庶民ではなかった。けれども、親鸞は庶民を相手にし、衆生《しゅじょう》を救おうとした。

衆生の世界は、フリーセックスが当然である。それなのに、親鸞がフリーセックスを否定して〝お高く〟とまっていれば、衆生を理解できないし、救えるはずもない。そこで親鸞は妻帯を選んだのだ。

親鸞の妻帯によって、浄土真宗では僧侶の妻帯は公然化する。江戸時代、徳川幕府は、建前上は僧侶の女犯を禁じて罰しているが、浄土真宗はその埒外《らちがい》にあった。明治になると、政府は律令時代の僧尼令を廃止し、すべての僧侶の妻帯を認める。

以後、どの宗派であれ、僧侶の妻帯は公然化した。

それは、日本独得の風景だった。現代でも、仏教信仰の厚いタイやミャンマーなどでは、僧侶の妻帯は禁じられている。タイ人、ミャンマー人は、日本の僧侶の妻帯を見て、驚くことがしばしばだという。フリーセックスの国・日本が、仏教を完全に変質させていたのだ。

僧らは男色に目覚め、稚児の魅力に溺れていく

仏教の不犯の論理は、フリーセックス・日本の前には崩壊させられたが、じつは仏僧らは日本人の性文化に大きな影響を与えている。寺院の中で、男色文化が花咲くようになったからだ。

後述するように、日本は明治時代を迎えるまで、男色文化が栄えた。世界の多くの地域では、男性同士の性愛はタブーとされ、排撃されたのと対照的である。男色への寛容さにかけては、長く世界一のレベルにあっただろう。

ただ、8世紀ころまで、日本で男色文化が栄えた形跡はない。もちろん、男性同士の性愛もあっただろうが、派手には行なわれていなかったようだ。そんな中、寺

院が大きな勢力となることで、男色のパラダイスが生まれることになる。

寺院で男色が流行りはじめたのは、そこが「男の園」であり、建前としては女性と交わらない戒めがあったからだ。だが、いかに女犯を禁じられようと、性欲という煩悩《ぼんのう》を容易に断ち切れるものではない。そこで僧侶たちは、性のパートナーとして同性を見いだしたのだ。

寺院における男色は、少年愛の世界でもある。高僧たちは、寺院に起居する稚児《ちご》の美しさに魅了され、格別の思いを抱き、交わろうとした。稚児とは、剃髪《ていはつ》しない少年修行僧のことをいう。だいたい12～18歳くらいまでで、男になりきるかなりきらないかの年齢である。彼らには、20歳を越えた男にはない、はかなくも美しい魅力があることに高僧たちは気づいたのだ。

寺院で稚児になるのは、頭のよさや才能を見込まれた少年たちであり、中には皇族や貴族の師弟もいた。稚児たちは、高僧の世話役でもあった。寺院の中で、稚児を抱えることのできる僧は、限られた高僧くらいである。権力と財力とがないと稚児を身辺に置くことはできない。

高僧たちは、目をつけた稚児を養育し、性の開花を待った。そして、満を持して稚児を閨《ねや》に誘い、稚児のアヌスに男根を突き立てたのである。

こうして高僧たちが稚児と同性愛関係を結ぶことで、寺院の中では男色は公然化されていく。普通の僧では稚児は高嶺《たかね》の花だが、ほかにも受け入れてくれる同性はいる。寺院の中は、男色の楽園と化していったのだ。

女性以上に女性的な稚児の本質は、「第三の性」か

男色は日本ではしだいに日常化していくが、稚児の世界は別格だったと思われる。稚児が女性以上に女性的であり、妖しい美しさを湛《たた》えていたからだ。稚児を愛した高僧も、そのことを知っていて、稚児を女性以上に美しく育て上げた。その養育の頂点にあるのは、天台宗では「稚児灌頂《かんじょう》」という秘儀だった。稚児灌頂を前にして、稚児は1週間ほど隔離され、精進潔斎《しょうじんけっさい》する。高僧は、稚児灌頂のための道場を別に建てて、四方には屛風《びょうぶ》を巡らす。これで、誰も稚児灌頂を盗み見ることはできない。

稚児灌頂の当日、高僧は稚児に丹念に化粧を施し、髪を結んでやる。美しく化粧された稚児は、絢爛《けんらん》たる稚児装束《しょうぞく》を身にまとい、天冠をかぶる。そこから先の儀式によって、稚児は観音菩薩になったとされる。

この稚児灌頂の秘儀を経て、高僧は初めて稚児と結ばれる。高僧からすれば、観音菩薩と交わるようなものであり、それは非常に神聖な行為でもあったのだ。

稚児灌頂と高僧の稚児愛は、一種の倒錯《とうさく》した世界である。高僧は、稚児を女性以上に美しい存在にしようと執心し、稚児は男としての本質を有しながらも、女性的な存在になった。さらに高僧は、稚児教育にあたって、仏典教育以外に、和歌や舞などを学ばせていた。稚児は、その立ち居振る舞いから女性的に躾《しつ》けられ、いわば「第三の性」のような存在になっていたのだ。

親鸞は救世観音による夢のお告げから、公然と妻帯を決意するようになった。女性とまぐわうことは、観音様と交わることと同じだからいいではないかという理屈である。その理屈のもとは、稚児灌頂の理論にあったといえるだろう。

男色、両刀使いは、寺院の世界から貴族社会へと広まった

寺院の世界で広まった男色は、やがて宮廷の貴族社会にも拡散する。寺院と貴族社会は密接な関係にあったからだ。天皇家や貴族はその子弟を寺院で学ばせていたため、その風習は宮廷にも伝わりやすかった。

それは両性愛者、いわば両刀使いの広がりを意味してもいた。貴族たちは、恋愛、フリーセックスを愉しみながら、新たに男色を覚えたのである。

さらには歴代天皇までも、男色の味を覚えるようになっていた。女色に不自由しないはずの天皇にとっても、男色は男女の愛とは別の愉楽《ゆらく》を味わわせてくれる世界だったのだ。

こうして日本では男色、両性愛が拡大していくが、これに対する歯止めは一切なかったといえる。日本の男女は、男色を悪とも、忌《い》まわしき罪とも思っておらず、むしろ好ましい行為として受け取っていたのだ。

日本で男色が積極的に採り入れられていったのは、性を縛る思想がなかったからでもある。

キリスト教の世界では、男色は罪であり、男色は「ソドミー」の典型だと思われていた。ソドミーと

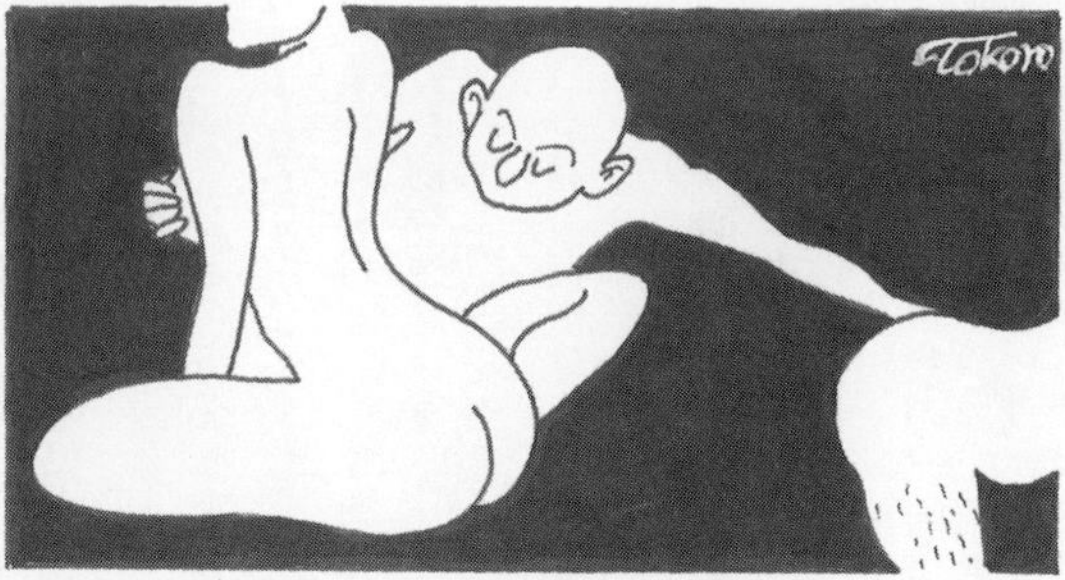

はタブーな性行為であり、古代、性文化の乱れで滅んだ街ソドムに由来する。男色に伴うアナルセックスは、おぞましいソドミーの典型だったが、当時、日本にキリスト教文化の影響はない。

唯一、日本人の性意識を縛ったかもしれないのは、戒律を説く仏教である。しかし、その仏教界から広まったのだから男色を止める思想などどこにもなかったのだ。

日本では〝受け身の男性〟が軽蔑されなかったわけ

日本で花開いた男性同性愛文化の特色の一つに、肛門を貫かれる側がけっして軽《けい》蔑《べつ》されなかったところだ。これは、世界的にはわりと珍しい。

たとえば、古代ローマでは男色は容認されていたが、オカマを掘られるほうは侮蔑の対象だった。ローマの貴族たちは、奴隷たちを相手にアナルセックスを愉しんだとき、必ず犯す側に回った。回らなければならなかった。

かつてローマで皇帝ネロが市民の信望を失ったのは、一つには、彼がその原則を破ったからだともいわれる。ネロはみずから〝受け〟に回り、その悦楽を愉しんだ。それが、皇帝としてあるまじき行為と糾弾されたのである。

戦士を自任するローマ人は、男であることを自負する。アナルセックスに及んでも、つねに男でなければならない。貫かれて悦ぶのは女性と同じであり、卑屈な行為とされたのだ。これに対して、日本の男色世界では、肛門を貫かれる側が侮蔑《ぶべつ》されることはなかった。稚児は高僧に愛され続け、受け身の性を愉しむことができた。

これは、性行為における支配・被支配の思想の薄弱さの表れだろう。たしかに男色には、支配と被支配の側面がある。権力のある者が犯す側に回り、そうでない者は犯されることになる。それゆえ、ローマでは受け身の側に回る者は侮蔑されたが、日本では支配・被支配の意識が薄かった。

日本の男色世界では、年長者が年少者のアヌスを貫くのが常だったが、かといって年少者が侮《あなど》られたわけではない。ともに愉しみ、心まで通い合うようになればいいという考えがあったから、受け身の側も不名誉ではなかったのだ。

白拍子は、なぜ男たちに熱狂的に迎えられた?

平安朝の時代、遊女として愛されたのが白拍子《しらびょうし》である。白拍子とは、平安時代末期の歌舞音曲《かぶおんぎょく》であり、その芸人たちのことでもある。男装の白装束で舞ったところから、この名が付いた。当初は、男も踊っていたが、しだいに女性が主役となった。白拍子は、いってみればスター芸人のようなものだ。彼女らは貴族の邸宅などに招かれ、しだいに遊女的な役割を果たすようになってきた。

遊女とは、性サービスを生業《なりわい》とする女性たちのこと。古代から世界各地にある職業であり、日本でも古代からあったと思われる。芸人タイプの遊女としては、すでに傀儡子《くぐつし》がいた。彼女たちは、木偶《でく》という木の人形を操る旅芸人で、各地で男たちとまぐわい、これにより生計を立ててきた。

白拍子たちは、舞を新たな武器にスター芸人となり、世の男を魅了した。権力者は彼女たちと交わろうとし、ついには愛人としたのである。

早くに有名になった白拍子といえば平清盛の愛人となった祇王《ぎおう》、仏御前《ほとけごぜん》らだ。もっとも有名なのは源義経の愛人となった静御前《しずかごぜん》だろう。源義経が兄・頼朝と対立、追われる身になったとき、彼女は義経に従い、吉野行きの途中まで寄り添っている。

天皇家の乱交問題が、保元の乱の遠因となっていた！

平安時代末期の保元《ほうげん》元年（1156）、保元の乱が勃発する。これは、武士を台頭させ、天皇家の威信が揺らぐきっかけとなる乱だ。その原因には、さまざまな要素が絡んでいるが、遠因として天皇家の乱交問題があった。

それは、保元の乱が始まるはるか昔の話である。嘉祥《かしょう》2年（1107）、堀河《ほりかわ》天皇崩御《ほうぎょ》ののち、鳥羽《とば》天皇が5歳で即位する。鳥羽天皇はまだ幼かったため、祖父の白河《しらかわ》上皇が政治の実権を握った。初めての院政である。そして16歳になった鳥羽天皇は、璋子《しょうし》という女性を皇后に迎える。璋子は藤原公実《きんざね》の娘だが、白河上皇が養女としていた。

鳥羽天皇と璋子の間には顕仁《あきひと》親王（のちの崇徳《すとく》天皇）が誕生する。けれども、崇徳天皇は、じつは鳥羽天皇の実子ではなかったといわれる。祖父である白河上皇がすでに璋子と通じていて、白河上皇の子だったという見方が強いのだ。鳥羽天皇もこのことに勘づき、崇徳天皇のことを「叔父子」と呼んでいた。

鳥羽天皇は、祖父・白河上皇に冷遇もされている。顕仁親王が5歳になったとき、白河上皇の意向で、彼は崇徳天皇として即位している。一方、上皇となった鳥羽には、たいした権力がなかった。この仕打ちに、鳥羽上皇は、白河上皇と崇徳天皇に悪感情を抱いていたと思われる。

大治《だいじ》4年（1129）に白河上皇が没すると、鳥羽上皇は本格的な院政を開始、意趣返《いしゅがえ》しのように崇徳天皇の冷遇を始めた。まずは、崇徳天皇を早々に譲位させ、実子の近衛《このえ》天皇を即位させる。近衛天皇が没すると、鳥羽上皇はまたも実子の後白河天皇を即位させた。後白河天皇即位にあって、立太子《りったいし》（皇嗣が皇位につくこと）されたのは、後白河天皇の実子・守仁《もりひと》親王。のちの二条《にじょう》天皇である。

すでに崇徳上皇には、実子・重仁《しげひと》親王があった。にもかかわらず、重仁親王は無視され、立太子の目を失いつつあった。当然、崇徳上皇は憤懣《ふんまん》をためていく。

保元元年、鳥羽上皇が没すると、もう崇徳上皇の頭を抑える者はいない。崇徳上皇は後白河天皇排除のために挙兵、保元の乱となったのだ。

保元の乱では、崇徳上皇方が敗れ、上皇は讃岐《さぬき》に流された。崇徳上皇の人生は鳥羽上皇の怨念によって翻弄《ほんろう》されたようなものだが、鳥羽上皇の怨念を生んだのは、祖父・白河上皇の乱交だった。

日本のフリーセックス社会では、遺伝子上の父親が誰かをさほど気にしない。けれども、天皇家ともなると話が違ってくる。権力と直結する天皇が誰の子であるかは重要事だからだ。フリーセックスは天皇家の諍《いさか》いを招き、結果的に、天皇の地位低下の遠因にもなっていたのだ。

三章

武家の「性」は無粋・不自由になるが
庶民はいよいよ奔放だった

武士の結婚は、なぜ「奪う」「献上させる」の2択になったか

12世紀、保元(ほうげん)・平治(へいじ)の乱後に武士が台頭し、日本は「武者の世」となる。しかし武者の世であっても、庶民の多くは変わらずフリーセックスを愉(たの)しんでいた。けれども、武士と結婚した妻、彼らの娘はこれまでにない窮屈(きゅうくつ)な思いをするようになる。

武士が力を持つようになる過程で、彼らはこれまでの「よばい」を否定した。そして「よばい」によって妻を得るのではなく、周辺から奪うか、献上させるかで、妻を得るようになった。武士はその暴力にものをいわせて、まるで掠奪(りゃくだつ)するかのようにして結婚するようになったのである。

武士が「よばい」をしないということは、武士の間では、古代以来の「通い婚(妻問婚(つまどいこん))」が消滅していたということでもある。代わって、今につながる「嫁取婚(よめとりこん)」「嫁入婚」が始まっていたのだ。

武士が「よばい」をしなくなったのは、したくてもできない環境にあったためだ。彼らだってひところまでは「よばい」を愉しんでいただろうが、しだいに「よばい」のために毎晩、家を留守にできないほど危険な環境になったのだ。

武士は、日本史上これまでになく土地に執着した者らである。彼らは開拓農民の顔をあわせ持ち、土地こそがすべてだった。開拓に励むほどに、土地をどう分けるかで一族同士が対立もした。10世紀に起きた平将門《たいらのまさかど》の乱も、一族間の所領争いに端を発している。

だから、武士は鎌倉幕府に奉公《ほうこう》する代償として、本領安堵《ほんりょうあんど》という御恩《ごおん》を求めた。彼らは「一所懸命（一つの所に命を懸ける）」だったのだ。

武士が自分の土地を守ろうとすればするほど、土地争いが激しくなればなるほど、彼らは安易に土地から離れられない。「よばい」のために家を留守にすれば、争っている相手に家、土地ごと奪われかねないからだ。

そうは言いながらも、武士にも妻は必要だ。武士が土地とともに重視したのは、「家」である。土地

を守ることは家を守ることでもあり、家を存続させるためには妻を得て、子を持たねばならない。

そこで、彼らは得意の暴力を背景に、妻を得ようとした。その土地の者から娘を差し出させ、妻とした。あるいは、強奪によって妻を得る武士もいた。

武士の嫁取婚は、これまでの日本では考えられない不粋《ぶすい》な行為である。平安貴族たちは女性と歌を交わし、性愛を愉しんできたが、武士たちの男女関係には歌も求愛の駆け引きも必要なかった。妻にしたい女性とは、ただ強引に結婚すればよかったのだ。

武士のSEXは、質よりも回数だった!

日本史上、これまでになく野暮《やぼ》な結婚をせざるをえなかった初期の武士たちの性生活がどんなものだったかを語る文献は、そうはない。ただ類推するに、彼らのセックスは、質よりも回数だったと思われる。

武士が結婚に求めたものは、性の快楽以上に、子づくりだったと思われる。武士にとって、土地を守っていくための「家」は大事である。家を栄えさせるには、子づくりに励み、できるだけ多くの子を持つことだ。それは一門の形成にもつながる。

当時、武士たちは分割相続を基本とした。武士の子たちはやがて独立し、分家を起こした。分家は、本家（宗家）に忠誠を示し、本家の命令に従った。この本家と分家からなる集団が「一門」であり、一門が大きくなるほどに軍事力は増し、発言力も得られる。そのためにも、武士はセックスの回数をこなし、多くの子を持とうとしたのだ。

ただ、武士の世界は高枕で眠れる世界ではない。寝ている間に、争っている相手から攻撃されないとも限らないからだ。となると、ゆっくりセックスを愉しんではいられない。

武士のセックスは概して早漏《そうろう》に終わったと思われ、妻をどれだけ満足させられたかは疑問である。

「不倫」の概念が生まれた武家で、姦通は罪となっていく

武士の時代、日本人の性概念は大きく変化を始める。これまで存在しなかった「不倫」「姦通《かんつう》」という概念が生まれ、武家の女性を縛りはじめたからだ。

すでに述べたとおり、日本人はフリーセックスの社会に生きていた。男も女も複数の異性と寝て当然だったが、武士の中では、それは否定すべきものとなる。貞永《じょうえい》元年（1232）、鎌倉幕府の執権《しっけん》・北条泰時《ほうじょうやすとき》は「御成敗式目《ごせいばいしきもく》（貞永式目）」を定め、武家の法典とした。51か条からなる御成敗式目では、不倫密通を処罰するとしている。姦夫《かんぷ》・姦婦《かんぷ》に対しては強姦・和姦を問わず、所領の半分を没収したうえ、出仕を停止するとした。所領のない武士の場合、流罪となった。

武士がフリーセックスを認めなかったのは、これを認めれば、完全な敗者になることがわかっていたからだ。武士がいったん出陣すれば、何か月も家を留守にすることになる。その間、間男が家に忍び込んで妻と交わり、結果、間男と愛し合った妻が家を出て行ってしまえば、武士にとっては大きな恥辱と喪失である。

鎌倉幕府も、このことを理解していた。鎌倉幕府のために出陣する武士たちを、恥ずかしい目に遭わせてはならない。そこで、鎌倉幕府は姦通を罪とし、武士たちが安心して出陣できるようにしたのである。

もう一つ、武家社会ではしだいに父権が台頭して、妻を個人ではなく「所有物」のごとく見なすようになったからだろう。

武士にとって財産は、家と土地である。その家と土地に住む妻や郎党も、武士の論理からすれば、所有物同然だ。その所有物に近いはずの妻が、他の男と通じるのは、許せない行為だったのだ。

こうして武士の世界ではフリーセックスは否定され、「密通」は罪という概念が生まれた。同時に、これまで女性は性の縛りを受けてこなかったのに、武士の妻である限り、性の縛りを受けるようになったのだ。

武士の妻はずいぶん不自由な存在になったのだが、それでも鎌倉時代の中期くらいまでは、社会的地位はそこそこ高かったようだ。相続の際は分割相続の原則により、武家の女性も財産分与にあずかった。女性が、地頭《じとう》や御家人《ごけにん》になる例もあったという。

なぜ、武家の女性は「家」の所属物同然になっていった?

武家の女性の地位が低下するのは、13世紀にモンゴル帝国の襲来を経験するあたりからである。武家自体が、経済的に行き詰まってしまっていたからだ。

武家は、もともと分割相続を基本としていた。だが、新たな所領を得る機会もないまま分割相続を重ねていけば、所領は細分化される。分割しようにも、分割するだけの土地もなくなる。そうなったとき、相続時には、まず女性の相続分が削られるようになったのだ。

もちろん、女性の相続分を削ったくらいでは、土地の細分化は止まらない。武家社会では分割相続を放棄し、惣領《そうりよう》による単独相続の時代となる。それは同時に、武家の女性が惣領に従うしかない時代でもあった。武家の女性は家に支配され、家の所属物のように扱われはじめたのである。

武士たちの生きた中世、ヨーロッパでは騎士道が成立していた。騎士道では、騎士は身分の高い女性を神聖視し、崇高な愛を捧げた。その一方、武士には女性崇拝の思想はない。

日本では、これまで女性は崇拝されなくても、男たちに支配されることはそうはなかった。武家の世になって初めて、武家の間では女性が男に支配されるようになったのだ。戦国時代、朝倉家を束ねた朝倉宗滴《そうてき》は、「武者は犬ともいへ、畜生ともいへ、勝つことが本にて候《そうろう》(大将というものは犬と言われようと、畜生と言われようと、勝つことこそがもっとも大事である)」という言葉を残している。

武家は戦いに勝って、支配者になることがすべて。武家の女性は、そんな男たちの論理の中に取り込まれていったのだ。

室町時代、姦夫姦婦の殺害が認められるようになったわけ

姦通が罪に問われるようになった武家の世だが、姦通はなくならなかった。夫が留守がちな武家にあっては、妻は憤懣《ふんまん》をためがちである。武家の女性だって、奔放《ほんぽう》に生きてみたい。だから、武家の世界でも密通事件は起きていた。

武士にとって、妻を寝取られるほどの不名誉はそうはない。そこから、女敵討《めがたきうち》（妻敵討）を仕掛ける武士もあった。寝取られた武士は、寝取った男を殺し、さらに自分に恥をかかせた妻までも殺すことがあった。

ただ、姦通を禁じた「御成敗式目」では、女敵討を含めて敵討を禁じてもいる。敵討を為した武士は、死罪か流罪、所領没収を免《まぬか》れず、それればかりか、みずからの父祖も同じ罪を科せられた。殺された武士側の一族が殺人罪で訴えたとき、寝取られた武士は窮地に立たされもしたのだ。

そんな時代が続く中、室町幕府の時代に女敵討の評価は劇的に変わり、積極的容認の方向へと動いた。応仁《おうにん》・文明《ぶんめい》の乱を経た文明11年（1479）、室町幕府は女敵討ちを為した武士を罰せず、無罪としたのである。

その論拠は「姦夫姦婦は、本来の夫を裏切ったのだから同罪かつ、元の夫に殺されてもしかたがない存在である。本来の夫を殺人の罪に問うのは、道理に合わない。ゆえに、女敵討は許される」という理屈である。

現代人からすれば、よく呑《の》み込めない論理だが、「姦夫姦婦殺害」容認の論理は武家社会で受け入れられたようだ。その後に登場した戦国大名もそれを分国法《ぶんこくほう》に導入している。土佐《とさ》の長宗我部《ちょうそかべ》氏の場合、女敵討が為されない場合、寝取られた武士とその妻、寝取った武士すべてを死刑にするとしているほどだ。応仁・文明の乱を経験したことで、日本では剝《む》き出しの力がまかり通るようになっていた。「力がすべての世界」では、力ある者による私刑も許される。女敵討は、そう考えられたのである。

室町幕府や戦国大名による女敵討の奨励《しょうれい》により、

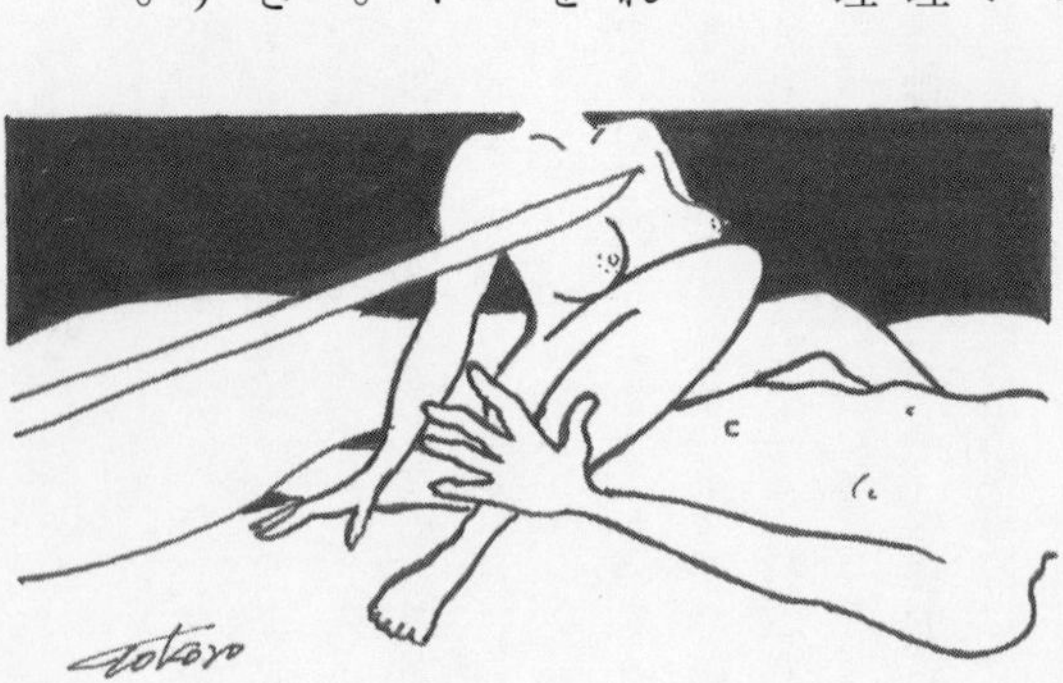

武家社会ではますます不倫が敵視されるようになった。いまだフリーセックス社会だった日本の中で、じつに異質な社会集団が、統治集団となっていたのである。

掠奪婚の一種「辻取婚」が物語る、中世という世界

武家が支配階級になりつつあった中世、日本各地では「辻取婚《つじとり》」という名の掠奪婚が発生するようにもなっていた。辻取婚とは、街中を歩いている女性を捕らえてわが家まで拉致《らち》し、強制的に妻にするというもの。いわば、人さらい婚、拉致婚である。

この辻取婚が大目に見られていて、男たちは街中で女性を狙うようになっていた。辻取婚を一つの物語としたのが、『物くさ太郎』である。『物くさ太郎』は江戸時代に刊行された『御伽草子《おとぎぞうし》』に収録されている話であり、室町時代あたりの伝承だという。

物語は、昔、信濃《しなの》国に物くさ太郎という若者がいたところから始まる。彼は働かず、寝てばかりいる物ぐさな男だったが、都の朝廷に召され、ここで働くことになった。物くさ太郎は、あるとき女性が欲しくなり、清水寺の大門付近に立っている

と、美しい女性がやって来る。太郎はこの女性を妻にしようとして、追いかけ、ついには結婚相手とした。

このあと、太郎はじつは仁明《にんみょう》天皇（深草帝）の末裔《まつえい》であることがわかる。これにより、めでたし、めでたしで終わるが、実際の辻取婚はもちろん、そんなめでたいものだったわけではない。

辻取婚に関しては、鎌倉幕府はこれを禁じて、罰も科している。ただ、罰は甘かった。御家人《ごけにん》の場合、100日間の出仕停止である。家の郎党の場合、鬢《びん》の半分ほどを剃《そ》り落として終わりだった。

辻取婚に対して社会がわりと鷹揚《おうよう》だったのは、辻が一種の特殊世界と見られていたからだろう。辻とは道の十字路であり、中世の人たちはここに神々が宿っていると考えた。神々のいる異世界だから、日常とは異なる行為も許された。

だから、辻には遊女たちも現れた。彼女たちは「辻君《つじぎみ》」と呼ばれ、男たちを誘惑もした。辻は、男女が性について交渉し、口説く場でもあったのだ。

それでも現代人の論理からすれば、辻取婚は女性にひどい仕打ちをする行為に見える。ただ、古代以来のフリーセックスの論理を当てはめると、別の世界も見えてくる。

この当時、武士は不倫を咎《とが》めても、庶民は相変わらず乱交の世界にある。辻が、女性にとって男を求める場だったとしても不思議ではない。

そもそも、辻取婚が成り立つのは、女性が1人で辻を歩いているからだ。これでは、誘ってほしいと言っているようなものである。女性が供の者を連れるなり、複数で歩くなりするなら、さすがに男も拉致はできないのだ。

辻は、遊女も立つような世界である。そこに女性が1人でいるなら、遊女のように思われ、男女の仲になりたいと思う男がいても不思議ではないだろう。

さらにいうなら、辻取婚のあった時代は、男の通い婚（招婿婚）から嫁取婚（嫁入婚）へと移行していく時代である。中世、災害は多く、飢饉《ききん》もあった。生活に窮《きゅう》した家も多々あったと思われる。そんな家の娘なら、辻に出て男を見つけ、その男と一緒になるというのも、生きていく一つの戦略だったとも考えられはしないか。

リスキーな戦略ではあるが、生きるための手段でもあったのだ。

フロイスが目を疑った、庶民女性の奔放ぶりとは

中世の辻取婚が物語るのは、中世社会の男の暴力性と同時に、女性たちの自由で

ある。辻取婚がありえたのは、女性が1人で外出できたからだ。

現代の日本では、女性の1人歩きは、よほどの場所でない限り安全である。たとえ夜道でも、ある程度は安全である。それは世界的に見れば珍しいことで、今なお女性の1人歩きが危険な国や地域は多い。国によっては、男の1人歩きでさえ危ないのだ。

そう考えると、1人歩きできるほどの自由と安全が中世の女性にあったということは稀《まれ》なことである。

それは16世紀の戦国時代でも変わらない。日本を訪れたイエズス会の宣教師フロイスは、「日本では、娘たちは両親に断りもしないで、1日でも数日でも、1人で好きなところに出かける」と記述し、驚嘆を隠せないでいる。

日本の女性たちが、1人で何泊も外出したままだったという事実は、女性のセックスが自由だったことを意味する。若い娘たちが何日も家を留守にするといえば、たいていは男に会いに行くためだろう。中世にあっても、日本の娘たちは奔放であり、性を愉しんでいたのである。親もそれを咎めなかった。

中世は、男たちの暴力がまかり通った時代である。にもかかわらず、不思議なことに、女性の外出もある程度は安全だったのだ。

「男女が神社仏閣へ籠もる」ことは何を意味していたか

中世、1人で外出した女性がどこへ行っていたかといえば、一つには神社仏閣だったと推測できる。神社仏閣に、何日も参籠《さんろう》していたのである。

それは、信仰心に基づくというより、性を求めてのものだったろう。神社仏閣は、神々の領域である。そこは異空間であり、一般人にすれば日常からの逸脱も許される。日常からの逸脱といえば、セックスもそうである。神社仏閣は、一般の男女にとって交合の場でもあったと想像できるのだ。

しかも、神社仏閣は庶民にとって安全な空間である。中世にあって、神社仏閣は一つの「城」のような存在だった。武家の暴力も神社仏閣までは及びにくく、安全な開放領域だったから、男女の出会いの場になっていたのだ。

実際、日本には男女が神社仏閣に籠《こ》もって、雑魚寝《ざこね》する習俗があったようだ。たとえば、京都の大原では、節分の夜、男女が江文《えぶみ》神社に籠もって雑魚寝していたという。伝承によれば、大蛇が里を襲うことを恐れて、男女が籠もったことに始まるというが、一つの場所で男女が雑魚寝すればまぐわいが始まり、時には乱交さえも始まるだろう。

昔からこうした習俗は、日本各地にあったと思われる。神社仏閣は、男女がセックスするための場となっていたのだ。

神社仏閣に、こうした性習俗を止める力はそうはなかったろう。すでに述べたように、日本の僧侶たちは女性としばしば交わり、妻帯さえもしていた。寺院では、建前では禁欲を説きながらも、実態としては奔放な性を容認していた。神社とて、それは同様だったと推測できる。というわけで、建前では禁じても、実際には〝ゆるゆる〟だったのだ。

織田信長は、なぜ参籠した女官たちを成敗したのか?

神社仏閣へのお籠《こ》もりは庶民の愉しみだったようだが、武家となると違う見方をしたようだ。織田信長による参籠女官成敗《せいばい》事件が、これを示唆《しさ》している。

事件は、天正《てんしょう》9年（1581）に起きた。すでに織田信長は安土《あづち》に城を築いており、強敵だった武田氏に対しても攻勢に立って、中国の毛利《もうり》攻めが本格化していた時代である。

ある日、信長は琵琶湖の竹生島《ちくぶじま》に参詣するため、数人の小姓を連れて城を出ていった。ここに、安土城の女官たちには、いい骨休めのチャンスが生まれた。主人一行は長浜に1泊するだろうということで、女官たちの中には安土の桑実寺《くわのみでら》まで遊びに出かける者もあった。

ところが、信長はその日のうちに帰ってきたのである。信長は、寺に対して参籠した女官を差し出すよう命じた。「お慈悲ですから、お助けください」と桑実寺の長老は懇願《こんがん》したが、信長は聞き入れず、寺の長老も女官もまとめて殺害してしまった。

織田信長が怒ったのは、単純に考えれば、女官たちが自分のいないうちに勝手なことをしたからだろう。ただ、さらに穿《うが》った見方をするなら、女官たちが寺で、そのへんの男たちと性行為に耽《ふけ》っていたのではないかと信長が想像したからだろう。

すでに述べたように、神社仏閣は庶民にとって性欲を満足させる場だったと思われる。だが、信長の時代、庶民の男女はフリーセックスを愉しめても、武家に仕える限りそうはいかない。女官たちであれ、性的な放縦《ほうじゆう》は咎めの対象だったのだ。実際に女官たちが寺で何をしていたのかは、闇の中である。ただ、疑われるような行動をとったことで、織田信長は断固たる処置をとったのではないか。

室町時代から盛んになった盆踊り大会は、乱交パーティーだった！

室町時代以後、日本で盛んになるのは盆踊り大会である。今でこそ夏の風物詩的な扱いになっているが、明治時代までの盆踊り大会は乱交の場だったようだ。

盆踊り大会のおおもとは、一遍《いっぺん》の創始した時宗《じしゅう》の踊り念仏ではないかとされる。踊り念仏では、名号《みょうごう》に節をつけながら激しく踊った。尼僧たちも衣服をはだけるほどに激しく踊ったというから、踊り念仏自体、性的エネルギーを秘めていた。室町時代になると、ここに華やかな姿をした人たちの踊る風流踊りが結びつき、盆踊りの形ができあがった。

盆踊りは、都市や農村で盛んになり、多くの男女が参加した。それは、しばしば夜中まで行なわれ、人々を開放的にした。そこに若い男女が群れるなら、もはや為すことは一つしかない。男女は睦み合い、性的エネルギーを爆発させたから、時に乱交にさえ発展したと思われる。

盆踊り大会は、夏になると、連夜開催されることもしばしばだったという。数日限りの行事ではなく、もっと頻繁に行なわれていたようだ。中世から近世にかけて、都市でも農村でも、盆踊り大会はフリーセックスの場だったのである。

SEX至上主義仏教「真言立川流」が登場した背景とは

鎌倉時代、仏教の世界では、僧侶の秘密の妻帯は当たり前となり、ついには浄土真宗の開祖とされる親鸞《しんらん》が公然と妻帯するに至る。仏教世界は男女の性の世界と結びついていて、ついにはセックス至上主義の宗派までが登場する。これが「真言立《しんごんたち》川流《かわりゅう》」と呼ばれる一派である。

真言立川流を開いたのは、天台宗の高僧・仁寛《にんかん》であるとされる。「立川流」の名がついたのは、武蔵《むさし》国の立川にあった陰陽師《おんみょうじ》の集団が、仁寛の教えを受けたからである。

仁寛ののち、真言立川流を大成させたのは、真言宗の僧・文観《もんかん》だとされる。文観は開祖・空海の再来といわれたほどの異能の僧であり、後醍醐《ごだいご》天皇のブレーンにもなっている。楠木正成《くすのきまさしげ》を後醍醐天皇に引き合わせたのも、彼だったという。ただ、文観は真言立川流とは一線を画し、別宗派だったという説もある。

真言立川流が重んじたのは、「理趣経《りしゅきょう》」である。理趣経は空海によって日本にもたらされた経典であり、その中に「十七清浄句《しょうじょう》」という教えがある。ここには、男女の性愛の肯定があった。

「性的快楽は、本来清らかなものであるというのは、そのまま菩薩《ぼさつ》の立場である」

「異性との情交に満ち足りることによって、すべての恐れを忘れ、体の楽しみがあることが本来清らかなことは、そのまま菩薩の立場である」

理趣経を重んじるなら、男女の和合は仏の教えに背《そむ》くことではなく、菩薩に達するための手段ともなるのだ。それは、現実の性欲を肯定的に受け止めた結果でもある。真言立川流が成立していく時代、「本覚論《ほんがくろん》」という考えがなされ、その思想もまた性欲を現実的にとらえていた。

本覚論とは、「本来の覚性論」とでもいうべきもので、草木、瓦礫《がれき》、山河、大地、どれ一つとっても仏でないものはないと考えた。そこから、「煩悩即菩提《ぼんのうぼだい》」という考えにも到達する。煩悩が猛烈に湧き起こるときは、覚《さと》りの智恵も猛烈に湧き起こる。覚りの智恵が猛烈に湧き起こるときは、煩悩も激しく湧き起こるという思想に行き着いたのだ。

本覚論によるなら、セックスはそのまま覚りのためのものとなる。己の性欲を否定する必要はどこにもなく、不犯《ふぼん》の思想は破棄される。男女の情交に懸命となることこそが、修行でもあるのだ。

これまで仏教は僧侶の性愛を否定してきたが、真言立川流では大転換、性愛を教義の中枢にさえ据《す》えていた。それは、多分に日本独得のものだったと思われる。

もともと、インドの仏教にも性愛的な要素がゼロではなかった。それが日本で性愛がより肯定されたのは、日本の風土によろう。

日本は、自然災害の多発する国である。つねに大地震と大津波の危機にさらされ、台風や豪雨、豪雪を毎年のように経験する。日本列島に居住するなら現実を見ないわけにはいかない。だから、本覚論では強い現実肯定に動いた。現実肯定に動いたとき、男女の性愛も肯定しないわけにはいかなかったのだ。

加えて、日本は古代以来、フリーセックスの国である。武家の世になって、武士たちはこれを否定したが、庶民は相変わらずフリーセックスを愉しんでいる。そうした庶民に、仏罰が加わるわけでもない。この現実を見るなら、やはり男女の性愛を肯定しないわけにはいかなかったのだ。

後醍醐天皇が、乱交パーティーの中で倒幕計画を練ったわけ

中世、真言立川流は男女の和合と快楽に、覚りへの道を見た。同じく、セックスに突破口を見いだそうとしていたのが、後醍醐天皇とその一派である。

後醍醐天皇は、朱子《しゅし》学の大義名分論に影響され、鎌倉幕府の打倒を構想、ついに実現してしまった人物である。彼とその一派は、倒幕の密議を図るとき、乱交パーティーを開いていたようだ。

『太平記』の巻第一には、「無礼講《ぶれいこう》」という名目の乱交パーティーが開かれている。宴会には貴族や高僧らが集まり、貴族は烏帽子《えぼし》を脱いで髻《もとどり》を放ち、高僧たちは法衣を着ることなく、白衣で加わった。もてなすのは、17~18歳の娘たち20人余りであり、彼女たちの肌は雪のように透き通っていたとある。

『太平記』にはそれ以上の記述はないが、ここまでくれば、為すことは一つしかない。男女はいつしか乱交状態となり、乱交を楽しみながら、倒幕の構想も練ってい

たと思われる。

なぜ、後醍醐天皇とその一派が、倒幕のために乱交宴会を開いたかといえば、真言立川流の影響があるだろう。後醍醐天皇自身、真言立川流を大成させたともいわれる文観をブレーンとしていた。

真言立川流の思想でもある「本覚論」には、煩悩が猛烈に起こるときは、覚りの智恵も猛烈に湧き起こる。覚りの智恵が猛烈に湧き起こるときは、煩悩も激しく湧き起こるとした。その思想に則《のっと》るなら、煩悩が激しく起きるときは、倒幕の智恵もまた猛烈に起こるのだ。

つまりは乱交によって性愛に没入することで、倒幕の智恵はより練り上げられ、完璧となるはず。彼らはそう考えて、美女たちを集めて性の快楽を貪《むさぼ》ったのだ。

ただ現実問題、セックスに没頭したからといって、

よい智恵が出てくるとは限らない。乱交の中で倒幕の言葉を口にするなら、情報は必ず外に洩《も》れる。実際、倒幕の策動は鎌倉幕府に漏れ伝わり、その計画は、正中《しょうちゅう》の変、元弘《げんこう》の変と続けざまに挫折、後醍醐天皇は隠岐《おき》に流される。

それでも、楠木正成や赤松円心《あかまつえんしん》（則村《のりむら》）の奮戦もあって、倒幕の流れは絶えることがなく、ついには鎌倉幕府は倒されている。

足利義満の時代、なぜ武士たちは男色を嗜みはじめた？

室町時代ころから武家社会で流行したのが、男色である。男色は、鎌倉時代の武家社会にもあったようだが、かなり少数だったと思われる。しかし室町時代に入ると、3代将軍・足利義満《あしかがよしみつ》のころから流行りはじめるのだ。

ただし男色は、武家社会の中で自然発生したものではなく、寺院から持ち込まれたものだった。

日本で早くから男性同性愛の牙城《がじょう》となっていたのは、寺院である。すでに述べたように、寺院社会の男色が貴族社会にも採り入れられ、貴族社会でも大流行する。同じように、男色は寺院社会から武家社会にも持ち込まれた。

寺院社会が貴族社会と密接だったように、寺院社会と武家社会もまた密接だっ

た。武家の子は、少年時代に寺院に出され、ここで学ぶことが多かったのだ。

武家社会とおもにつながっていたのは、禅宗である。禅宗の流行は鎌倉時代あたりからだが、鎌倉時代を通じて禅宗寺院にも男色が広まっていたと思われる。武家の子弟が禅宗寺院で学ぶ過程で、男色を嗜《たしな》み、その歓びを知ったのである。

さらに、室町幕府は鎌倉幕府と違って、朝廷とは密だった。幕府を京都に置いたこともあって、室町幕府の武士たちは、京都の貴族社会を通じても男色を覚えていったと思われる。

そのきっかけとなったのが、前述した足利義満の存在である。義満は寺院社会とも貴族社会とも通じていた。その過程で、彼は寺院や貴族社会の美少年たちに魅了されていったと思われる。

義満は、美少年たちを好んだ。彼は、大きな行事に美少年たちをよく帯同した。義満が美少年相手にアナルセックスを堪能していたかどうかは確証はないが、彼が美少年にこの世ならぬ美を見ていたことはたしかだろう。

なかでも、義満が好んだ美少年は、世阿弥《ぜあみ》である。世阿弥は猿楽能《さるがくのう》を大成した人物とされるが、それもまた義満の支援あってのことである。

義満以後、室町将軍たちはしだいに男色を一つの愉しみとするようになる。女性との性愛に熱を上げながら、他方では少年愛に耽《ふけ》るようになっていったのだ。

室町将軍たちの少年愛は、守護大名にも伝染、彼らも男色の世界を知っていく。守護大名が領国にそれを持ち帰ることで、男色は日本各地に広がることになる。

嘉吉の乱で将軍が殺されたのは、男色のトラブルのためだった！

熱すぎる異性愛は、戦乱のタネになるとよくいわれる。同じように、男色も度が過ぎると、戦乱の要因になった。

嘉吉《かきつ》元年（１４４１）、室町幕府の６代将軍・足利義教《あしかがよしのり》が、有力守護である赤松《あかまつ》満祐《みつすけ》に暗殺された嘉吉の乱が発生する。乱の背後にあったものこそ、男色のトラブルだった。

足利義教は、織田信長の先駆けのような人物である。比叡山を焼き討ちにし、多くの武家や僧侶らを罰したかと思うと、守護大名の領地の削減にも熱心だった。専制支配を固めようとしたのだが、その専制支配は「万人恐怖」と恐れられた。

その義満の愛した武家が、赤松貞村《さだむら》だった。貞村は赤松家の傍流《ぼうりゅう》でしかなく、血統的には赤松家の当主・満祐にはるかに及ばない。にもかかわらず、義教は貞村を寵愛するあまり、満祐を蔑《ないがし》ろにするような政治を行なっていた。

そんな折、満祐の弟・義雅《よしまさ》が、軍事行動の最中に野伏《のぶし》（野武士）の襲撃を受けるという失態をおかした。将軍義教はこれを咎め、義雅の領地を没収する。その没収領地は、当主である満祐がすべて相続するはずだったが、義教は満祐にすべてを与えず、寵愛する赤松貞村にも分与したのだ。

足利義教の貞村への寵愛がさらに深まるなら、満祐は今度は本領を奪われかねない。いや、貞村に、満祐の領地をすべて与えることだって考えられる。そうした噂がまとこしやかに流れた。そうなる前に、満祐は先手を打ち、義教を殺害してしまったのである。

〝下半身の結びつき〟で軍団を統率した戦国大名たち

戦国時代、日本の男色文化は大きな盛り上がりを見せた。全国各地で、上級・下級を問わず、武士の間に広く浸透していったからだ。

男色を率先していたのは、戦国大名たちである。豊臣秀吉を数少ない例外にして、戦国大名のほとんどは、男色経験者だったといっていい。武田信玄は高坂昌信《こうさかまさのぶ》にぞっこんだったし、織田信長は前田利家《としいえ》を寵愛していた。

戦国大名たちは、側近を小姓たちで固めたが、小姓たちの少なからずは美少年として取り立てられた者らである。彼らは武勇にも秀でていて、戦国大名を守る親衛隊でもあった。いわば、男色関係と主従関係は重なり合っていたのである。

戦国の武士たちが男色にはしったのは、男色の世界に「恋愛」を見たからだろう。たしかに、武士たちは女性相手のセックスも愉しんだろうが、そこに精神的な愛がどれくらいあったか。かたや、戦場で生死をともにする男同士には愛があった。男色関係にあった同士は、心と心が通じた仲になったと思ったのである。

それは「義兄弟」的な関係だったともいえる。男色を迫るのは年上の武士だが、年上の武士と年下の武士との間で男色が成立すると、そこに「念契《ねんけい》」という義兄弟のごとき契《ちぎ》りが生まれる。年上のほうは「念者《ねんじゃ》」とも呼ばれた。

男性同性愛の中に義兄弟的な契り、精神的な結びつきが生まれるなら、2人の関係はより強固になる。そうした結束の強い男同士が集まるなら、軍団はより強力になろう。

そんな事情もあって、戦国大名たちは男色を容認、さらには推奨さえしてきた。

男同士が殺し合った戦国時代、一方で男同士は深く愛し合っていたのである。

戦国の妻たちは性の歓びを失い、実家との板挟みに苦悩する

これまで説明してきたように、戦国時代、武家社会の男たちには相変わらずセックスの自由があった。多くの側室を持ち、彼女らとの間に子をなす一方で、男色の愉しみを知り、両刀使いが当たり前だった。

その一方で、武家社会の女性は不自由な世界に押し込まれていた。彼女たちに自由恋愛はありえず、政略結婚の道具にされていたからだ。

戦国時代は、外交合戦の時代でもある。ある戦国大名が有力な戦国大名を味方につけたいとき、双方の家は婚姻関係を結び、同盟をたしかなものにしようとした。

たとえば、織田信長は実の妹・お市《いち》の方を近江《おうみ》の浅井長政《あざいながまさ》に嫁がせ、養女を甲斐《かい》の武田勝頼《かつより》の正室として送り込んでいる。織田信長の正室は美濃《みの》の斎藤道三《どうさん》の娘であり、織田信長は手広く有力大名を味方に誘い込もうとしていた。

政略結婚で結ばれた男女に愛情関係が生まれたかどうかは、それこそ相性しだい。相性がよければいいが、悪ければ、女性は一生、女としての歓びに恵まれない

ままだった。

彼女たちは、強いストレスを抱えてもいた。実家と嫁ぎ先の間で、選択を迫られるからだ。

戦国大名からすれば、嫁がせた娘は一種のエージェントである。娘たちには、嫁ぎ先の戦国大名を美貌とセックスで籠絡《ろうらく》し、実家の利益になる行動をとるよう誘導してほしい。だが、嫁ぎ先の夫にも事情がある。新たな外交を選択するとき、正室の実家には不利益となる行動を取りもする。したがって戦国大名の妻は、実家と嫁ぎ先との間でしばしば板挟みになった。

先の浅井長政とお市の結婚では、お市は実家のためになるよう浅井家を誘導できなかった。浅井家は朝倉《あさくら》家との同盟を重視し、ついには織田信長の軍を襲撃、織田対浅井の長い戦いが始まる。

苦悩したのは、お市のみではない。武田勝頼《かつより》は、正室だった織田信長の養女が没してのち、北条氏康《うじやす》の娘を迎えている。これにより、武田家は北条家との同盟を強化しようとしたのだが、武田家は最後には裏切られている。

それは、越後《えちご》で御館《おたて》の乱が発生したときだ。御館の乱は、当主・上杉謙信《けんしん》の没後に起きた跡目争いである。実子のいない謙信には、上杉景勝《かげかつ》、景虎《かげとら》という2人の養子があり、この2人が武力で争ったのだ。

北条家からすれば、勝たせたいのは上杉景虎である。景虎の実父は北条氏康だから、景虎が越後の当主となれば、北条家は越後に強い影響力を及ぼせるからである。武田勝頼の妻も、実家の期待に応えるべく、武田家に景虎支援の方向に向かわせていた。

けれども、彼女は失望する。当初は景虎を支援していた武田勝頼が、越後から手を引いてしまったのである。上杉景勝から領土の提供を提案され、これで揺らいでしまったのだ。結局、武田勝頼の変心もあって、勝利したのは上杉景勝だった。

この敗戦によって、彼女は面目を失う。こののち、武田勝頼は織田信長の攻勢を受けて自害するが、このとき、彼女もともに自害して果てている。それは勝頼に愛情があったというより、実家の小田原・北条家に対して面目を失っていたからだ。彼女は、小田原に帰ろうにも帰れなかったのだ。

バツ1、バツ2でも「女の価値」は下がらなかったって?!

鎌倉時代以来、武家の妻は姦通《かんつう》を禁じられていた。その一方、離婚ののち再婚するのは許されていた。

徳川家の2代将軍秀忠《ひでただ》の正室・お江与《えよ》の方（お江《ごう》）の人生は、それを物語っている。彼女は、その生涯において3度結婚している。

お江は、織田信長の妹・お市を母とし、父は浅井長政という、いわば名家の家系に属していた。彼女の最初の結婚相手は、織田家の家臣・佐治一成《さじかずなり》という人物だったとされる。けれども、彼女は、天下人になりつつあった豊臣秀吉によって離別させられる。秀吉が新たに彼女のために用意した結婚相手は、みずからの甥である秀勝《ひでかつ》だった。

だが、秀勝はやがて病死してしまい、お江は3度目の結婚をする。相手は、徳川家康の子・秀忠である。秀吉存命中の結婚であり、こののち夫・秀忠が天下人になろうとは、お江自身、予想だにしなかっただろう。

こうしてお江は3度結婚し、ついには天下人の妻に納まったのだが、彼女の離婚、再婚を咎める者はいなかった。離婚しても、彼女の女性として価値が落ちたと見なす者もいなかった。

今日の考えでは、バツイチ女性は傷物扱いされるところがある。ひと昔前は、そうした考えが強かったし、名家に嫁ぐなら処女でなければならないともされた。

ところが、息苦しい戦国の世にあっても、女性の処女性はさほど問われておらず、女性は何度でも結婚できたのだ。このことについて、16世紀に来日したイエズス会の宣教師フロイスが、以下のように驚いている。

「ヨーロッパでは、罪悪については別としても、妻を離婚することは夫の最大の不名誉である。日本では、意のままにいつでも離別する。妻はそのことによって名誉を失わないし、また結婚もできる」

「ヨーロッパでは未婚の女性の最高の栄誉と尊さは、貞操であり、またその純潔が犯されない貞潔である。日本の女性は処女の純潔を少しも重んじない。それを欠いても、名誉も失わなければ結婚もできる」

日本では、女性の貞操が云々される時代はまだ先のことである。

好色爺・豊臣秀吉によって始まった大遊廓とは

日本で大遊廓《ゆうかく》というと、江戸の吉原を思い浮かべる人が多いだろうが、じつは吉原にはモデルがあった。京都の大遊廓・万里小路《までのこうじ》の遊廓こそが、大遊廓の先駆である。万里小路の遊廓は、のちの島原《しまばら》遊廓でもある。

万里小路の遊廓をつくりあげたのは、豊臣秀吉である。秀吉が大遊廓を構想したのは、京都を復興させたかったからだ。応仁・文明の乱以後、京都は何度も戦場となり、織田信長によって焼かれてもいる。京都は荒れ果て、都としての体裁《ていさい》を成していなかった。秀吉は、大坂に巨大な城を築き、大坂の繁栄をもたらした。次なる目標は、京都の回復だった。

ここで、秀吉の家臣の1人が遊廓の設置を献策し、秀吉はこの献策を気に入った。秀吉といえば、男色にこそ興味はないが、女性との性愛にかけては、戦国屈指の好色漢である。それも、大の派手好きである。

これまでにない絢爛《けんらん》たる遊廓を築けば、そこに多くの男たちが集まる。遊廓が賑わえば、その噂を聞きつけた男たちも、全国の遊女たちも京都を目指すだろう。そうなれば、京都はかつてない繁栄の時代を迎えると、秀吉は構想した。

こうして生まれたのが、万里小路の遊廓である。またの名を「柳街の色街」ともいった。万里小路の遊廓では、入り口に大門《おおもん》が建てられ、遊廓を柳並木で囲った。この様式は、のちの吉原遊廓にも踏襲《とうしゅう》される。

万里小路の遊廓は、完成するや、すぐに全国の話題になった。日本各地に、柳街の色街にあやかって「柳街遊廓」を名乗る遊廓が次々と生まれた。吉原遊廓さえも、最初は柳街遊廓を名乗ったほどだ。

万里小路の遊廓が当たったのは、そこが異世界だったからだ。何度も述べてきたように、日本はフリーセックスの国である。庶民の男女なら、セックスのチャンスは多々あった。わざわざ高い金を払って女性と通じるのは馬鹿らしいようだが、万里小路の遊廓が別世界と聞くなら、話は違う。

万里小路の遊廓は、これまでにない絢爛たる空間である。それも、歌舞音曲《かぶおんぎょく》付きの優雅なる世界だ。いわば大坂城や聚落第《じゅらくだい》の「性の御殿版」のようなものである。普通の男たちは大坂城にも聚落第にも入れないが、万里小路の遊廓なら入れる。それだけでも、訪れる価値があった。

しかも遊廓内の遊女たちは、あでやかに着飾り、洗練されていたと思われる。見たこともない美女たちが迎えてくれるわけで、万里小路の遊廓は、いわば、空前の性のワンダーランドだった。庶民の憧れの場にもなったし、むさ苦しい世界を生きてきた武家にとっては、夢のような世界でもある。豊臣秀吉によって日本の性産業はキンキラキンの様相を帯《お》び、その伝統は今に続いていると言っていい。

万里小路の遊廓は、その後、場所を変え、島原遊廓となっている。

四章

徳川幕府の統制もなんのその！
江戸の性文化は爛熟をきわめる

巨大な「ねじれ」から生まれていた江戸の爛熟した性文化

戦国時代を終わらせた江戸時代は、日本人の性生活を大きく変えた時代でもあった。江戸の性文化というと、吉原遊廓《よしわらゆうかく》や、浮世絵師たちの描いた春画などをすぐにイメージできるだろう。それらはたしかに性文化が爛熟《らんじゅく》していた証《あかし》だったが、実際の江戸の性文化は、一方で幕府による強い統制を受けていた。

なぜ幕府が「性」の締めつけにはしったかといえば、一つには、江戸幕府や大名たちが儒教の信奉者《じゅきょう》だったからだ。日本人は、戦国時代が終わるまで、中国由来の儒教とあまり縁がなかった。しかし徳川幕府が成立すると、家康は統治の思想として儒教を取り込みはじめた。

儒教には、男尊女卑《だんそんじょひ》の思想が強くある。儒教の論理では、女性の貞操は重要であり、女性はこれを守らねばならない。江戸幕府は、この儒教の思想を武家社会に押しつけ、武家を完全管理下に置いた。

さらに、江戸幕府は庶民の生活にもいちいち介入した。江戸時代、庶民までもが武家ほどでないにせよ、武家に準じた生活を余儀なくされてしまったのだ。

けれども、日本の男女は好色なままであり、江戸幕府の統制をすり抜けるかのようにして、性愛を愉《たの》しんだ。江戸幕府が性文化を弾圧にかかっても、長続きせず、すぐにどこかで新たな性文化が頭をもたげていたのである。

江戸時代、文化の担い手となっていたのは、支配階級の武士たちではなく、おもに町人たちである。町人たちを中心に、日本にはこれまでなかった大衆文化が花咲き、性愛は大衆文化の中に取り込まれた。統制する幕府と、奔放《ほんぽう》に生きようとする町人の男女、その巨大なねじれから江戸の性愛文化は爛熟に向かったのだ。

幕府は儒教を盾に、自由恋愛とフリーSEXを奪った

では、徳川幕府はどのようにして武家の「性」を締めつけていったのかというと、元和《げんな》元年（1615）の「武家諸法度《ぶけしょはっと》」によってである。武家諸法度は大名を徳川幕府の厳重な統制下に置こうとするものであり、武家の婚姻《こんいん》にまでも口出ししてきた。そこには、勝手に婚姻を取り決めてはならないとあった。

武家諸法度は何度か発布され、大名や武士らは、結婚するときに幕府や主君の許可を得なければならなくなっていく。

徳川幕府が武家の婚姻を厳重に統制したのは、武家同士が徒党を組み、反徳川に回ることを恐れたからだ。

戦国時代、戦国大名たちはそれぞれに政略結婚を推《お》し進め、仲間をつくってきた。豊臣秀吉が天下人になると勝手な政略結婚はできなくなっていたが、秀吉が没するや、家康が政略結婚を再開した。これにより、家康は豊臣系大名の結束を崩していったが、同じ真似を他の大名にされては、今度は徳川の結束が瓦解《がかい》しかねない。

そこで、徳川幕府は政略結婚を禁じるため、武家の結婚を許可制としたのだ。その許可制は、儒教的な上下秩序に従ったものでもあった。武家の若い男女に選択権はなく、主君や父親の決めた相手と結婚しなければならず、自由恋愛の入り込む余地はなくなった。

自由恋愛を否定した強制結婚は、結果として「家」を安定させていく。江戸時代、武家にとって何より大事なのは家である。武家の当主は家を守り、断絶させないことを使命としていた。家を安定させようとしたとき、まったく見ず知らずの男女の結婚は、意外に意味を持つ。彼らは恋愛関係にはなく、家を守ることを第一義としている。ゆえに、家は安定しやすい。

仮に、江戸幕府が恋愛結婚を許していたらどうだったろう。男女の恋愛感情が盛んなうちは、家は安泰である。けれども、男女の恋愛感情はいつかは冷める。あるいは、他の異性に感情も移るだろう。

となると、家は粗略にされ、家の安定は崩れる。自由恋愛を愉しむ現代人は家なんてどうでもいいと思っているが、これと同じになってしまう。そうなってしまったのでは、家を支柱とする江戸社会は成り立たず、幕府は滅亡の危機にさらされる。強制結婚は家を、さらには徳川社会を安定させるためのものだったのだ。

「子なきは去る」が武家で慣習化されたのは、この時代から

江戸時代、武家の男女は主君や親の命じるままに結婚しなければならず、さらに

は夜の営みも義務のようなものだった。というのも、江戸時代、武家の妻にとって最大の務めが、嫡子《ちゃくし》を産むことだったからだ。

現代日本にあって「女性の仕事は子づくりだ」などと言えば、言った本人は〝イタい人〟扱いされる。政治家の場合、失言問題となる。けれども、江戸時代にあってはこれが大前提だった。

それもこれも、江戸社会が「家」を重視し、その存続が第一になっていたからだ。もし嫡子に恵まれなければ、家はここで断絶してしまう。

実際、徳川幕府は、継嗣《けいし》のない大名家を次々と廃絶に追い込んできた。関ヶ原の合戦で功績のあった小早川秀秋《こばやかわひであき》が没したとき、幕府は備前《びぜん》岡山藩51万石を小早川家から取り上げている。松江の街を築いた堀尾《ほりお》氏に継嗣が途絶えたときも、あっさり松江24万石を取り上げている。

徳川家は、身内にも容赦《ようしゃ》がなかった。家康の子・松平定吉《まつだいらさだよし》が継嗣なく没したとき、尾張清洲《おわりきよす》52万石を松平家から召し上げてもいるのだ。

このように継嗣がなければ、武家はいつ廃絶になってもおかしくない。そのため、強制結婚させられた武家の男女は子づくりに励むしかない。

そこから、武家では「子なきは去る」慣習も生まれた。つまり、結婚して3年を経ても子宝に恵まれない場合、妻は離縁されてしまった。武家の男女は、常に男の子の誕生を念じてまぐわうしかなかったのだ。

町人の間で、自由恋愛より「見合い結婚」が流行ったのは？

武家の男女は強制結婚が当たり前になっていったが、不自由になったのは都市の町人たちも同じだった。彼らの間でも、自由恋愛がしだいに頭打ちとなり、代わって見合い結婚が流行りはじめたからだ。

都市部の町人たちから、自由恋愛がしだいに減っていったのは、男がすぐに独り立ちできなくなったからだ。町人たちの仕事といえば、商家の手代《てだい》や職工などである。手代として、あるいは職工として食えるようになるには、ある程度、年季を積まねばならない。未熟な腕しか持てない時期に自由恋愛によって結婚しても、食っていけないのである。

町人たちは、みずからが食っていけ、さらには少しながら蓄えもできる時期にさしかかるまで、結婚しようにもできなかった。いきおい町人たちは、晩婚になる。

都市部の商家の手代の場合、10～15年も年季を務めてのちようやく結婚したから、結婚年齢は30歳前後になる。当時、武士たちは20歳を前に結婚していたから、ひどく遅い。

町人たちは独り立ちしたとき、ようやく妻を迎えようとしたが、すぐに自由恋愛で結婚できるわけがない。町人の娘たちの多くは20歳を前に結婚しているから、同世代の女性はすでに結婚相手とはならない。

ただ、そこは商家同士、職工同士の共同体では扶助《ふじょ》の論理が働く。商家の主人や親方衆らが、見合ったような女性を勧めてくれるのだ。

そこで生まれたのが、見合いというシステムである。見合いはまず、大坂や京都の町人から始まった。たいていは花見とか寺社詣《もう》でにかこつけ、見合い相手の女性には着飾らせて出掛けさせ、ここで男と落ち合わせる。男女は互いに品定めをして、結婚するかどうか決めた。

とはいえ、町人たちから自由恋愛とフリーセックスが絶えたわけではない。とくに、武家屋敷や大きな商家の屋敷で働く男女は、フリーセックスの機会を得やすかった。彼らは住み込みの奉公人だったからだ。しかも、部屋と部屋の仕切りは障子《しょうじ》や襖《ふすま》だったから、いくらでも「よばい」ができた。屋敷では、夜ともなると男たちが女性のもとに忍び込み、まぐわえたのである。

そんな事情もあって、結婚できない身の男女でも、性欲を満たし、男女の関係を愉しむ場はあった。町人たちの性は、武士たちよりもずっと自由だったのだ。

一方、武家は長く見合い結婚すらもできなかった。幕末になってようやく〝解禁〟されたが、それまで武家は、見合い結婚を卑《いや》しいものとして嫌っていた。それは、どこかやせ我慢の果ての強がりにも聞こえる。

農民たちは相変わらず「よばい」し、盆踊り大会に燃えていた！

都市部での結婚スタイルと恋愛は大きく様変わりしたが、農村でのそれは相変わらずだった。農民たちはいまだ自由恋愛、フリーセックス社会の中にあり、「よばい」に励んでいたからだ。

農民の男女は早婚である。たいてい10代で結婚しており、概して、武士たちよりも結婚年齢が若かったようだ。

江戸時代、農民たちの結婚が早かったのは、村を治める代官たちが推奨したからでもある。江戸時代、ひところまで農村の生産力はうなぎ登りに急上昇、耕地面積はおよそ1世紀で2倍にもなった。

農村が急成長していった時代、農村は人手不足であり、多くの働き手を求めていた。ゆえに、代官たちは農民たちに早婚を勧め、多くの子を産ませようとしたのだ。

そのため代官たちは、盆踊り大会をはじめとしたイベントを盛んに促した。盆踊り大会には、たいてい村の若い男女が集まったから、性のニオイでむんむんする。そこからカップルは誕生しやすく、乱交パーティーにも発展したと想像できる。

もちろん、耕地面積の拡大が止まれば、農村人口は過剰にもなる。食えない者は出稼ぎに行くしかなかったし、妊娠した女性の中絶もよく行なわれてきた。それでも、農村は人口を維持する必要があり、早婚が習慣となっていたのである。

江戸時代、武家では「妻妾同居」がふつうだった?!

江戸時代、武家では一夫一婦制を建前としながら、一家の当主である男は妾《めかけ》を持つことができた。武家の夫は性的欲求を満たすための脱線は許されていた一方、武家の妻は、夫1人しか相手にすることができなかった。ここに、男女の不平等が発現している。

鎌倉時代以後、武家の女性は性的に不自由だったが、江戸時代になると、完全に家に縛りつけられたのである。そこには、儒教の男尊女卑的な価値観の加勢もある。

男尊女卑の思想に基づくなら、男には多少の自由は許されても、女性に自由などあろうはずもない。妻は1人の夫に終生仕えなければならない一方で、男は複数の女性を相手にできたわけで、まさに男の特権である。

ただ、そうはいいながらも、武家の妻は最低限のプライドと尊厳を満たせていた。基本的には妻妾同居だったが、完全な上位にあったのは、武家の妻のほう。夫が妾を持ちたければ、妻の承認を得なければならなかった。

建前上、妾は妻の召使いの身分である。妻は気に入らなければ、妾を解雇することもできた。

そもそも武士の多くはそう豊かではなく、妾を外に囲うことは難しい。しかも、江戸時代は夜間の出

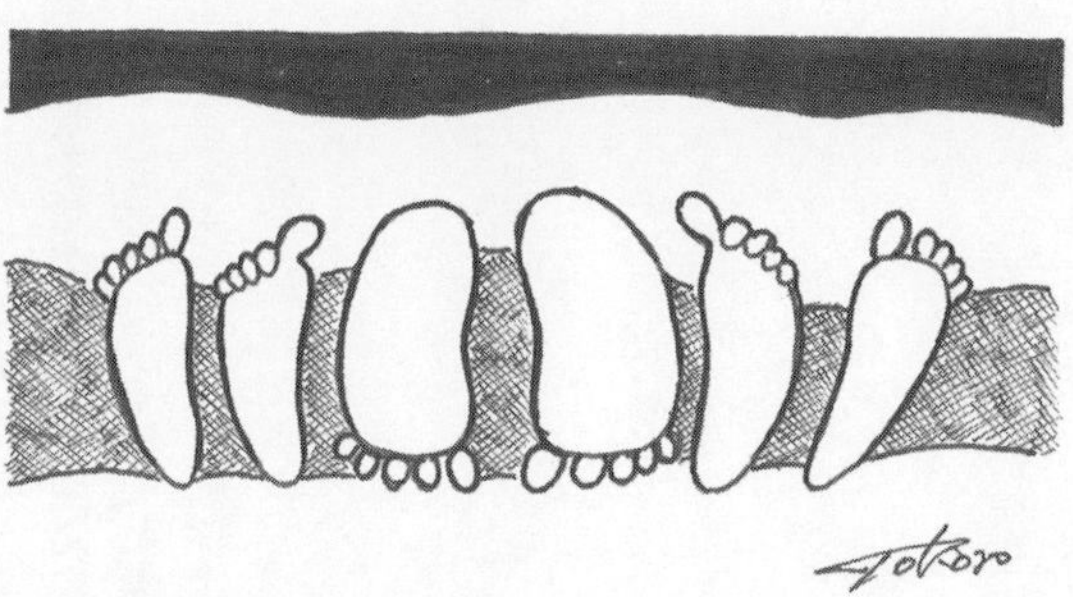

歩きは禁じられたから、武士は夜陰に紛れて愛人のもとに忍び込むこともできない。いきおい妻妾同居するしかないのだ。幕末の勝海舟《かつかいしゅう》にしろ、妻妾同居の身だった。

また、結婚しても、武家の夫と妻は財産は別々になる。もともと、日本は夫と妻の財産が別である「夫婦別産」社会である。女性の地位が大きく低下した江戸時代においても、この「夫婦別産」の原理は生き続け、夫は妻の財産を奪えなかった。離縁すれば、妻は自分の財産をすべて実家に持ち帰っていたのだ。

それでも密通せずにはいられなかった江戸の男女

江戸時代、幕府の命令によって姦通は罪となった。とくに武家の男女にとっては「暗黒時代の到来」にも見えたが、現実はかなり異なっていた。家庭内での性生活で満足できず、密通のタブーを犯す男女が後を絶たなかったのだ。

武家の邸宅は、密通には格好の空間でもあった。日中、夫は城へ出仕するから留守である。妻がその気になれば、いくらでも間男を引き入れることができた。

また、都市には出会茶屋《であいぢゃや》もあった。今でいうラブホテルのようなもので、おもに神社仏閣の近くにあった。神社仏閣に参拝に出掛けるという名目で出会茶屋に入れば、やはり逢引きは可能である。

そもそも、江戸時代、武士の妻が「貞淑」という概念をどれだけ理解していたかは疑問である。建前では理解していても、どこか他人事のようにも思っていたのではないか。

すでに述べたように、夫が妾を持つのは、許されている。さらには、夫が吉原をはじめとした遊廓に出入りする自由もあった。町人を見れば、愉しそうに性の悦楽を得ている。武士の妻だけが我慢するいわれはどこにもない。そう思ったとき、いい男を見つければ、武士の妻も密通にはしっただろう。

後述するように、女性に性欲があることは理解されていたようだ。女性のマスターベーション用の張形《はりがた》もあったし、春画にも張形を使って自慰に耽《ふけ》る女性も描かれている。江戸時代、女性の性欲を統制することは難しく、武家の間でも不義密通はたびたび起こっていたのだ。

黙認か？ 女敵討か？ 妻を寝取られた武士の苦悩

江戸時代、妻を寝取られた男は、難しい立場に立たされた。彼が、本来やり遂げなければならないのは、女敵討《めがたきうち》（妻敵討）である。つまり、妻を寝取った男を殺し、妻も殺す。これによって、武士は初めてそのプライドを保てた。

女敵討は、すでに述べたように、室町時代に認められ、戦国大名たちは推奨もしてきた。江戸幕府もこれに則《のっと》り、寝取られた男がその場で間男と妻を殺害しても、殺人の罪に問うことはなかった。けれども、現実には女敵討を敢行する武士は、そうはいなかった。

そもそも女敵討を行なうのは、自分が「寝取られ亭主」であると叫んでいるようなものだから、これだけでも十分に恥ずかしい。

加えて、江戸時代の武家は早々に公家化し、刃傷沙汰《にんじょうざた》を嫌った。敵討は、必ずしも敵討を目指す側が勝つとは限らない。返り討ちにされることだってある。そもそも、人の妻を寝取ろうとする男は、精力、腕力にすぐれていることが多い。そんな男と戦って殺されたのでは、二重の恥をさらすようなものである。

そんなわけで、江戸時代、妻を寝取られた武士が女敵討に向かったケースは少ない。武に熱心な8代将軍・徳川吉宗《よしむね》の時代に一時的に流行ったようだが、幕末には死語のようにもなっている。

女敵討を避ける武士たちがどうしたかというと、知らぬ顔をするか、そのうち妻を離縁するかくらいである。ともかく、妻が密通していた事実が世間に知られることを恐れ、闇の中で解決しようとしたのだ。

徳川幕府自体、こうした動きを黙認していた。たしかに徳川幕府は、間男と妻を殺しても殺人罪にしないと定めていた。その一方で、寝取られた男が間男を訴えない限り、間男の罪を問わなかったのである。

武士に限らず、寝取られた男は、間男たちと示談《じだん》もした。間男が夫に7両2分を慰謝料として差し出せば、これで示談となったのだ。7両2分とは大判1枚である。

ただ、示談金の値段は時代を経るにつれ、安くなっていく。密通が多くなればなるほど、その相場は下がらざるをえなかったのだ。

天下太平の世、SEXの「質」にこだわりはじめた日本人

江戸時代、武家の男女関係は幕府の統制下にあったも同然となり、性は秘め事となった。その一方、日本人がこれまでになくセックスの質にこだわり、熱心になった時代ではなかろうか。

その背後にあるのは、「徳川による平和」である。日本では、12世紀に武者の世

が始まってのち、戦乱が絶えなかった。戦乱が続く時代、男女、とくに武家の男女は性愛を追求したくても、できなかった。いつ敵襲があるやもしれず、時間をかけたセックスをしてはいられない。

けれども、徳川の時代になって完全な平和が訪れると、男女は夜にゆっくり性行為を愉しむことができるようになった。

しかも、基本的には夜間の外出が禁じられ、夜になれば家に訪ねて来る者もない。もちろん、強盗を除いては襲撃者がいようはずもない。となると、夜に為すことは決まってくる。

もともと見ず知らずの男女でも、一つ屋根の下で暮らしていれば、性の愉しみを覚えるケースは多々ある。しかも夜は長いから、ゆっくり時間をかけての性愛を愉しめる。愉しむほどに、江戸の男女はセックスの質を追求しはじめ、よりよいセックスを求めるようになったと想像できる。

もちろん、そこには限界もあった。江戸時代、ほとんどの家屋は木造であり、隣家とは板一枚を隔てて接するようなものだ。嬌声《きようせい》を上げれば、それは隣に丸聞こえになろう。さらには、一つ家の下では、子供たちも寝ている。庶民のセックスは、声を上げてはならない、忍んだものになっていたと思われる。

さらにいえば、江戸時代、男の持続時間は、これまでになく長くなったと思われる。野生動物のセックスは、瞬時に終わる。いつ襲われるかわかったものではない野生の世界では、セックスに時間をかけていられないし、没頭もできない。武士が戦争に明け暮れた時代もそれに近く、武士たちは早漏だったろう。

けれども「徳川の平和」下、男の持続時間は自然と長くなっていった。男たちはより持続力を鍛えようとし、性愛を追求する時代になっていったのだ。

男女混浴の銭湯が、フリーSEX文化を引き継いでいた！

性の統制の始まった江戸時代、じつのところ、フリーセックス的な伝統は都市にも生き残っていた。その舞台となったのは、銭湯である。

江戸時代、都市で銭湯が発達する。日本の男女は基本的にきれい好きだから、銭湯で体を清めた。その銭湯の多くが、男女混浴だったのである。

もともと日本の温泉は、男女混浴だった。混浴ゆえにフリーセックスの場にもなりやすく、都市の銭湯もそうした日本の温泉の伝統を引き継いでいた。

銭湯の中は、暗い。女性の裸体がくっきり見えるわけではないが、男女が裸で一つの浴槽にあれば、性のニオイはむんむんと漂《ただよ》う。女性が近くにいれば、性的に興奮する男もいる。銭湯内が暗いのをいいことに、睦み合う男女が出てきてもおかしくなかった。

武家はともかく庶民の男女は、銭湯では、昔ながらのみだらの一片を愉しめたといえる。

ソープランドのはしり！ 湯女風呂から始まった江戸の売春

江戸の性文化の特徴は、買春・売春文化が繁栄し、巨大化したことである。江戸時代、性の営みは大規模なサービス産業となり、江戸経済の一翼を担《にな》っていたと思われる。

なぜ、江戸時代に買春・売春文化が盛んになったかといえば、都市の男たちがこれまでになく性に不自由になっていたからだ。

武家の男の場合、強制結婚させられた妻と性愛を愉しめればいいが、義務のような性行為が続いたのでは、味気ない。洗練された美女が性的なサービスを施してくれる場所があれば、そちらへ向かうも道理である。

町人の男たちは晩婚化していたが、その間、彼らが禁欲を保つのは無理な相談だ。奉公先でフリーセックスを愉しむくらいのことはできたが、ねっとりとした性愛を愉しむまでは至らなかった。彼らは、より性欲を上質に満足させるために、買春にはしったのである。

女性の側にも、事情があった。江戸時代、女性の地位は大きく下がったため、経済的に困窮《こんきゅう》する女性も現れた。働こうにも、当時、都市にあって女性の働き口などそうはない。おのずと彼女たちは、売春に手を出さざるをえなかった。

加えて、江戸という都市の特殊事情もある。徳川家康が関ヶ原の合戦に勝利して以後、徳川家は江戸の壮大化を誰に憚《はばか》ることなく手掛けはじめた。江戸の造営には多くの労働力を必要としたから、江戸には多くの男たちが働き手として集まった。

また、参勤交代のシステムが確立していくと、江戸には単身赴任の武士たちが増えた。これらにより、初期の江戸は、男だけがやたらと多い都市になってしまったのだ。

江戸に集まってきた男たちは、性に飢えている。江戸では、その草創から性風俗産業の隆盛の素地があったのだ。

その先駆となったのは、湯女風呂《ゆなぶろ》である。すでに述べたように、江戸の銭湯は性的に自由な、一つの解放区のようにもなっていた。もともと、全国の温泉にもそうした性の解放区的な側面があった。そこから、性風俗を売る風呂、つまりは湯女風呂が生まれたのだ。

湯女風呂は、豊臣政権下の大坂にすでに生まれていて、湯女たちが男の体を洗ったのち、買春に応じていた。まるで、現代のソープランドの先駆を見るかのようでもある。

湯女風呂は、当然のことながら、性に飢えた男たちの吹きだまりでもある江戸にも登場した。江戸城の工事現場のすぐ近くには、湯女風呂が設けられ、男たちの欲望を吸収していったのである。

上方への対抗意識が、幕府に大遊廓・吉原を公認させた

江戸の性風俗産業の真打ちとして登場するのが、吉原である。徳川家が豊臣家の大坂城を滅ぼしてのち、元和《げんな》3年（1617）に吉原は誕生している。

吉原の名は、現在、ソープランド街の名に引き継がれているが、当初は、人形町のあたりにあった。吉原は、幕府公認の遊廓である。設置を願い出たのは、小田原の北条家の元家臣・庄司甚内《しょうじじんない》という人物だった。

徳川幕府が吉原の大遊廓設置を認めたのは、一つには江戸の治安維持のためだった。すでに述べたように、江戸の建設のため、全国から多くの男たちが働き手として集められている。男たちの中には、戦国の遺風を継いだ、荒くれ者たちも多い。彼らを放っておけば、江戸の治安が乱れかねない。そこで、性欲を満足させるための大遊廓を認めたのだ。

さらに、幕府は性風俗産業を管理下に置きたかった。吉原の1か所に性風俗産業を集中させれば、幕府は男たちの動向を監視しやすい。犯罪者は、えてして性風俗を生業《なりわい》としているところに潜伏しやすいから、吉原を監視下に置けば、犯罪者への

睨《にら》みも利かすことができるのだ。

もう一つ、徳川幕府が吉原を認めたのは、上方《かみがた》に対抗し、上方を追い越すためでもあろう。すでに豊臣秀吉は、京都に万里小路《までのこうじ》の遊廓（のちの島原遊廓）を築き、京都の復興を成功させている。万里小路の遊廓は、さながら性のワンダーランドであり、これまでにない絢爛《けんらん》豪華な施設でもあった。

徳川幕府がいくら質素を尊ぶとはいえ、豊臣家の達成事業に対しては、ライバル心を剝《む》き出しにしていた。だから、江戸城は豊臣の大坂城を上回る規模でなければならず、そのために多くの人手を要していた。遊廓一つとっても、豊臣に負けてはいられないのである。

江戸に京都に負けない大遊廓が誕生すれば、まずは全国から遊女たちが江戸を目指すだろう。吉原の繁栄に惹《ひ》かれて多くの者が江戸に集まれば、江戸は大坂や京都を抜く大都市となろう。徳川幕府は、吉原に江戸の大都市化のエンジンさえも見ていたのである。

吉原遊廓は、京都の万里小路の遊廓をモデルとし、四方を堀で囲み、正面には大《おお》門《もん》が設置された。吉原の入り口はこの大門のみだったから、吉原は江戸の中で隔絶した地となった。幕府の目論見《もくろみ》どおり、監視しやすくもなっている。

吉原は、明暦《めいれき》の大火ののち、明暦3（1657）、浅草寺《せんそうじ》の北に移転している。これが、新吉原である。

吉原のシステムは、なぜ〝武家の憧れ〟を掻き立てたのか？

江戸の「性の殿堂」となるべくして誕生した吉原は、すぐに江戸のエロスと文化を象徴する存在となる。吉原に行けない江戸の住人にとっても、吉原は妄想と憧れの地になるのだ。

江戸時代が儒教論理に基づく身分制社会であるように、吉原も身分制社会である。吉原の遊女たちにも、階層があった。当初は、太夫《たゆう》、格子《こうし》、端《はし》という三つのランクからなり、やがて、太夫、格子、散茶《さんちゃ》、局《つぼね》、端などと細分化されていく。

なかでも、太夫と格子は高級遊女で、彼女らは高い教養を身につけていた。読み書きはもちろん、和歌を詠み、生け花や書道にも通じていた。『源氏物語』や『伊勢物語』を語ることだってできた。

太夫や格子といった高級遊女たちとは、金を払えば、すぐにセックスできたわけではない。男たちは、何度か通うことによって、ようやく目的を遂げることができたという。

最初は「初会」といい、ここで品定めをする。男が気に入れば、すぐに「裏を返す」。つまりは再び吉原に出掛け、ここで気に入った遊女と酒を酌《く》み交わす。3回目の通いは「馴染《なじみ》」といい、ここでようやく床を共にすることができたのだ。

これは原則であり、例外も多々あったようだが、吉原で床入りまでに時間をかけたのは「平安ロマン」という幻想を再現させたかったからでもあろう。平安時代、貴族たちは目をつけた女性に歌を贈り、口説いた。何度かの歌の贈答ののち、ようやく「よばい」ができた。吉原では、その再現が試みられたのである。

吉原の世界は、平安時代の「通い婚」の世界でもあった。すでに嫁入婚が主流で、かつての通い婚はすたれている。ところが、吉原では男たちが遊女のもとで一夜を過ごし、朝、後ろ髪を引かれるようにして去っていく。まさに「後朝《きぬぎぬ》の別れ」である。ここにも、平安時代の性愛の再現があった。

もともと、武士は戦いに生きていて、性愛にロマンなど求めはしない。けれども世が安定していくと、武士はたいてい公家化していく。そうなると、彼らが憧れるのは『源氏物語』のような世界である。

現実の武士の性世界は、君主や父の決めた強制結婚である。そこでこのうえない出会いがあるならよいが、毎晩の月並みな性生活ではロマンを得にくいだろう。そんな中、吉原が登場したのである。吉原は、公家化した武士にとって、究極の性愛が得られるかもしれない場だったのだ。

もちろん、高級遊女と付き合えるのは、大名や高級武士に限られる。実際、仙台藩主・伊達綱宗《だてつなむね》は太夫の高尾《たかお》に入れ上げたすえ、莫大な金を支払って彼女を身請《みう》けしている。仙台藩主だからできた話であり、並の武士では、高尾の顔さえも拝めなかった。

吉原の上客は武家から町人へ変わり、花魁は江戸のスターへ

吉原での遊女ランクは、江戸時代の中期、18世紀半ばあたりから変わってしまう。それまで最高位だった太夫と格子が消滅、代わって散茶が最高位になった。散茶は「花魁《おいらん》」とも呼ばれるようになった。

吉原で、太夫、格子といった高級遊女が消滅したのは、武家が困窮化したからだ。吉原草創以来、大名や高級武士は、吉原の上客だった。太夫、格子を贔屓《ひいき》にしてくれたのは、彼らだったからだ。ただ、米価が低迷していくと、武士が米から換金

できる資金は少なくなっていく。大名や高級武士たちは、太夫や格子とは疎遠《そえん》にならざるをえなくなった。

18世紀半ば、江戸社会の新たな主役になったのは、町人たちである。彼らは、太夫、格子ら高級遊女たちを敬遠した。町人たちには、武士ほどには教養がなかったから、教養のあるお付き合いを面倒臭がったのだ。町人たちは武家ほどに公家化していないから、平安ロマンを味わいたいとも思わなかった。

裕福な町人たちの吉原での愉しみといえば、どんちゃん騒ぎである。気に入った散茶や芸者を集めて気兼ねなく遊び、最後に床をともにすれば満足だった。

吉原が町人たちにウケたのは、閉ざされた空間だったからだろう。町人の家は狭く、音や声は周囲に丸聞こえになりやすい。これでは、じっくりセックスも愉しめないし、どんちゃん騒ぎもできない。隔絶された空間である吉原でなら、ふだんとまったく違う遊びが可能になったのだ。

こうして町人たちが吉原の贔屓筋になっていくのと同時に、花魁は江戸のスターになっていく。花魁たちによるパレード、いわゆる「花魁道中」が、吉原の象徴、さらには江戸の住人の憧れとなったからだ。

花魁道中とは、遊女屋からお客を接待する場「揚屋《あげや》」までの道行きに始まった。

花魁たちは派手に着飾り、黒塗りの高下駄を履いて、ゆっくりと揚屋まで歩いてみせた。

その歩き方は、独得だった。もとは、京都の島原遊廓に由来する「内八文字歩き」で、それは内側に向かって円を描くように歩くスタイルだった。だが、吉原の太夫・勝山《かつやま》は外側に向かって円を描くように歩いてみせた。吉原では、この「外八文字」が人気を博したのである。

花魁道中に人気が出てくると、その様子は浮世絵師たちによって盛んに描かれた。花魁そのものも浮世絵師たちの好んで描くところであり、彼女たちの髪形や衣装は、江戸の女性たちの一つの憧れになっていく。

花魁は、性風俗産業から出た、江戸のスターでもあった。花魁は、江戸のエロスと文化の象徴でもあったのだ。

吉原以降、遊廓は全国に生まれ、都市の繁栄をもたらした

京都の万里小路の遊廓（島原遊廓）、江戸の吉原遊廓の成功は噂となり、全国各地に遊廓が誕生した。大坂には新町遊廓が生まれ、長崎には丸山遊廓が生まれた。

17世紀後半、俳人でもあった藤本其山《きざん》という人物が、『色道大鏡《しきどうおおかがみ》』という本を著している。彼は日本全国を歩き、延宝《えんぽう》年間（1673～81）に、日本列島各地に最低25の遊廓が営業していると記している。その中には、城下町もあれば、佐渡の鮎川や石見《いわみ》の稲荷町のように金山、銀山の近くにできた遊廓もある。越前三国《みくに》や備後《びんご》鞆ノ浦《とものうら》のように、海上交通の要衝に生まれた遊廓もあった。

その中でも、長崎の丸山遊廓は特殊といっていい。丸山遊廓は、日本人のみならず、オランダ人や中国人も相手にしていたからだ。

このあたりに、日本人の性意識が見て取れる。丸山遊廓の遊女は出島《でじま》まで出張して、オランダ人の相手をした。それは、オランダ人と普通の日本人を接触させず、隔離するという意味もあったが、日本人の考えるもてなしでもあった。たとえ外国人であろうと、性的なサービスが必要だろうと見越して、これを一つのもてなしと

したのだ。

すでに述べたように、古来、日本には旅の貴人に女性を妻として提供する「接待婚」の習俗があった。その名残《なごり》でもあろう。

幕末、外国人が横浜にやって来たときも、やはり外国人用の遊廓が建てられている。これまた、隔離ともてなしの双方の意味からだ。

江戸時代に戻ると、風俗街には、公の許可を得た遊廓と異なり、公の許可を得ない、非公認の場所もあった。これらは「岡場所」と呼ばれた。江戸には、深川、上野山下、根津《ねづ》、音羽《おとわ》など、各地に岡場所が散在していた。京都では祇園新地《ぎおんしんち》、先斗町《ぽんとちょう》、大坂では曾根崎《そねざき》、島の内などがそうだった。

岡場所は、じつは大遊廓よりも人気があった。遊ぶ金が、大遊廓よりもずっと安くて済んだからだ。

徳川幕府も主要街道の宿場での売春を、制限つきながら認めている。宿場の旅籠《はたご》には飯盛女《めしもりおんな》がいて、彼女らは客の世話をすると同時に、夜の相手もした。幕府は、旅籠1軒に2人の飯盛女を置くことを許している。

だが、2人だけで済むはずもない。しかたなく幕府は、品川、内藤新宿、板橋、千住《せんじゅ》という江戸の玄関口に当たる宿場では、制限を外している。そのため、旅籠もまた性の巣窟《そうくつ》となり、19世紀半ばには品川の宿だけで1300人を超える飯盛女がいたという。

また、江戸には私娼もあった。夜鷹《よたか》と呼ばれる私娼がもっとも知られ、彼女らは安く身を売った。

岡場所の遊女や飯盛女、夜鷹らとは、吉原の遊女よりもはるかに安く遊べた。そこから起きるのは、吉原の変質である。吉原も価格のダンピングに着手せざるをえず、それは吉原の大衆化でもあった。もとは高級路線だった吉原が大衆化したのだから、江戸の売春・買春文化は衰えるところを知らなかったのだ。

遊女のSEXテクニックが過激化していったわけとは

江戸時代、日本は売春・買春が公然となされる国だといっていい。それも、江戸などの大都市では、大遊廓、岡場所が大々的にあり、大衆化さえしていた。

大遊廓と岡場所は、鎬《しのぎ》を削り合うビジネス上のライバル。そのために、江戸時代には性の技巧が発達した。遊女たちはいかに男たちを悦ばせ、精神的にも満足させるかを競い合ったのだ。

男たちを深い快楽世界に誘った遊女は人気を集め、彼女たちの店は栄えた。店の経営者たちは、より多くの客を呼び寄せるため、遊女たちにセックス・テクニックを磨かせたのだ。

吉原の妓楼では、遣手《やりて》と呼ばれる者たちを雇っていた。遣手は、遊女たちのセックスを指導し、客と遊女たちのトラブルがないかを監視した。

江戸の男たちは、遊女たちの技巧に魅了され尽くしたといっていい。彼らは、遊女の技巧を指して「地女《じおんな》の及ぶところにあらず」とも語った。「地女」とは素人の女性のことであり、つまり素人のセックスは、どんなに技巧を尽くそうと遊女たちにはかなわないとしたのだ。

江戸時代、遊女たちの性の技巧、爛熟した性交は春画にも描かれるところだ。

江戸時代、オーラルセックスはかなり浸透していたと思われる。春画にも、オーラルセックスが描かれている。とくに男が女性の性器をなめている図は少なくない。逆に女性のフェラチオの図が少ないのは、絵になりにくかったからだと思われる。春画では常に巨根を描いたから、巨根に女性の小さな口は合わなかったのだ。

江戸時代、オーラルセックスが発達したのは、遊女の技巧もあろうが、もう一つには江戸人たちのきれい好きがあったからだろう。

江戸では、銭湯が発達していた。それは性風俗にもつながるものだったが、銭湯で性器を清潔にしているから、オーラルセックスに抵抗がなかったのだ。

江戸の性文化の陰にあった、性病と半人身売買という暗部

遊女たちによって盛り上がった江戸の性文化だが、そこには暗部もあった。その一つが、性病の蔓延《まんえん》である。日本に梅毒がもたらされたのは、16世紀のこと。戦国武将たちも梅毒に感染し、加藤清正《きよまさ》もその犠牲者だったと目《もく》される。

梅毒はひところ強い毒性を伴っていたが、しだいに毒性は弱まったと考えられる。代わりに、ひどく蔓延するようになったのだ。

江戸時代に発達した大遊廓、岡場所は、性病の一大感染地だったといっていい。罹患《りかん》した男たちが別の岡場所へ行けばそこでも感染が始まるし、家庭で妻と交われば妻も感染する。

幕末、欧米人が日本を訪れたとき、彼らが驚いたのは性病の蔓延である。19世紀、欧米でも性病ははびこっていたが、欧米人は日本における性病の蔓延はそれ以上、と受け止めたようだ。性病の克服は近代日本の課題となるくらい、江戸の性文化の

負の遺産といえる。

もう一つの暗部は、遊女の調達が半ば人身売買となっていたことだ。たしかに、徳川幕府は人身売買を固く禁じた。そのため、遊廓では奉公の名で遊女たちを募集していたが、実態はといえば、生活苦に陥った親が娘を女衒《ぜげん》(仲介稼業)に売り渡していた。それも、給金の前借りという条件で、である。

遊女たちがその稼業から足を洗うには、親に渡っていた借金を返さねばならなかった。前借金そのものは安かったのだが、そこに膨大な利子が加算されている。10年間働いて、ようやく抜け出せるかどうかだった。

現実には、親に売られたも同然だったが、遊女たちの多くは親を恨まなかったようだ。親孝行のために苦界《くがい》で働いていると割り切りもしていた。そこに、遊女たちの哀しさ、けなげさがある。

日本人のアイドル好きは「笠森お仙」に始まっていた!

江戸時代、どんな女性が江戸の男たちに人気があったかといえば、いかにも床上手な、色気のある女性だったと思われる。吉原の花魁は爛熟した江戸の性文化を代表していたが、その一方、江戸の男たちは、いかにも素人っぽい小娘にも焦《こ》がれるようになっていた。

それは、水茶屋「鍵屋《かぎや》」の看板娘・笠森《かさもり》お仙《せん》に始まる。水茶屋とは、掛茶屋ともいい、神社の境内や道端で湯茶を提供して、お客を休息させる場だった。今でいえば、喫茶店、カフェのようなものである。明和《めいわ》年間（1764～72）、お仙は江戸・谷中《やなか》の笠森稲荷前の水茶屋「鍵屋」のお茶汲《く》みだった。

お仙は、よくいる市井《しせい》の娘で、ちょっとだけ美人だったと思われる。お仙見たさに鍵屋にお客が集まる中、その客の1人だったと思われるのが、浮世絵師の鈴木春《はる》信《のぶ》である。

鈴木春信がお仙をモデルとした浮世絵を発表したことから、お仙は一気に江戸の男たちの憧れの存在となった。鈴木春信の画風は、どこか儚《はかな》く繊細で、夢幻的である。その画風とお仙はよく合致し、彼女目当ての客が次々と鍵屋を訪れたのだ。

お仙は、日本のアイドルの元祖のようなものだろう。彼女以前、出雲の阿国《おくに》がスターだったが、阿国は性的な魅力を振りまいた、芸事に長じる女性である。

一方、お仙は性のフェロモンを噴出させているわけでもなく、歌舞音曲に通じるわけでもなく、お茶汲み以外にさしたる芸はない。芸事に通じる、艶《なま》めかしい存在がスターだとすれば、お仙はスターではなく、アイドルである。

お仙人気にあやかるように、江戸の茶屋では看板娘に人気が出るようになる。柳屋のお藤、蔦《つた》屋のおよしらも、人気アイドルとなった。

アイドルという存在は、世界各地にあるようで、そうではない。じつは、日本独得の存在ではないかという説もある。

現在、韓国にもアイドルは存在するが、これは国策によるものであり、彼女たちは歌舞音曲を徹底的に仕込まれ、そのレベルは日本のアイドルグループの比ではない。それに比べて日本のアイドルは、さほど歌舞音曲に通じなくとも、ただそこにいるだけで愛される存在なのだ。

たしかに、江戸の男たちは艶めかしい女性を好んだが、その一方、お仙のような市井の娘の素朴さも

好んだ。市井の素朴な娘に憧れ、彼女を一種の偶像《アイドル》に仕立てる感覚に、日本人の性文化の特徴があろう。

日本の男たちは、アイドルをお高くとまった存在ではなく、その気になればおしゃべりできそうな存在と考えがちだ。現代の日本では、男たちがアイドルグループとじかに接する愉しみがある。彼女たちのCDを買うほどに、希望のアイドルと握手し、おしゃべりを愉しむ権利を得られる。

その淵源《えんげん》も、笠森お仙に始まるだろう。江戸の男たちは、お仙を見るだけでなく、おしゃべりもしたくて、鍵屋を訪れて金を使った。中には、お仙とまぐわうチャンスを求めて訪れた男もいよう。

実際にどれくらいの男たちがお仙と交合できたかは闇の中だが、彼女は最後には笠森稲荷の地主と結婚している。

江戸時代、なぜ町人にも男色が広まっていたのか？

戦国時代、武士の間で大いに栄えた男色は、江戸時代にも継承された。武家社会の中では、男色は武士の嗜《たしな》みのようにさえ思われていたからだ。

しかし、徳川の世が始動しはじめた時代、男色の禁止に動く諸藩もあった。これに遅れて、江戸幕府も承応《じょうおう》元年（1652）には、男色禁止の方向に動いている。

幕府や諸藩が男色の禁止に動いたのは、男色にはしる武士にかぶき者が多かったからだ。かぶき者とは異様な風体をなして街に繰り出す者たちで、彼らは乱暴を好んだ。

戦国時代以来、武家の男色には義兄弟の契《ちぎ》りを結んだような、男同士の結束がある。かぶき者たちは血気盛んだから、そうした義兄弟的な契りを好み、男色関係を結ぶ。彼らが街で徒党を組んで歩くなら、同じようなかぶき者と衝突、暴力沙汰が絶えなかった。乱闘は社会秩序を乱すため、幕府や諸藩は嫌ったのだ。

また、かぶき者に限らず、年上の武士たちは年下の武士に男色を迫りもした。平安時代以来、日本は男色に寛容な社会だったとはいえ、男色を忌避《きひ》する男だっている。にもかかわらず、強引に男色を迫り、尻を犯そうとするのは、相手を辱《はずかし》める行為と見なされた。これまた、社会の安定を乱す行為であり、男色は禁止の方向に動いていたのである。

にもかかわらず、徳川時代の前半、男色の流行はやむことがなかった。3代将軍・徳川家光《いえみつ》までも男色にはまっていたのである。徳川幕府が禁止に動いたのは家光以後のこととはいえ、社会は完全に男色否定に動けなかった。

江戸時代、男色文化がなおも盛んだったのは、一つには町人にも広まったからだ。江戸の町人が男色を覚えたのは、一つにはすでに述べたように、江戸には男が多すぎたためである。女性の数が圧倒的に少ない中、町人たちは女性の代用を同性に見たようだ。

そこには、上方文化の影響もあった。江戸時代初期、江戸にはさしたる文化はない。優雅な性文化もない。文化、性文化の先進地は、貴族や高僧たちのいる京都や大坂、つまり上方である。江戸の住人たちは上方文化に憧れを抱き、これをマネした。そのときに、性文化の一つである男色もマネたのである。

十返舎一九《じっぺんしゃいっく》の滑稽本《こっけいぼん》『東海道中膝栗毛《とうかいどうちゅうひざくりげ》』は、ともに旅をする弥次郎兵衛《やじろべえ》、喜多《きた》八《はち》が男色関係にあるという設定。人気の戯作《げさく》の主人公に同性愛者が登場するほど、町人層にまで男色は浸透していたのだ。

歌舞伎・芝居小屋の美少年役者は、いかに男心をくすぐったか

江戸の2大悪所といえば、遊廓、岡場所などと、歌舞伎《かぶき》や芝居の小屋である。遊

廓、岡場所では、男たちが女性相手に買春を愉しみ、性を貪《むさぼ》った。一方、歌舞伎や芝居小屋は、男女ともに煽情《せんじょう》的な性の場だった。

女性と歌舞伎・芝居の関係は後述するとして、まずは歌舞伎と男たちの関係について述べよう。江戸の歌舞伎は、出雲の阿国が京都で始めた「かぶき踊り」が源である。その後、各地で遊女たちが阿国を真似て、女歌舞伎を催した。

美しい遊女たちが舞台で男たちを魅了したので、歌舞伎小屋はいきおい買春・売春の場にもなった。江戸幕府はこれを嫌い、寛永《かんえい》6年（1629）、女歌舞伎を禁じた。代わって、台頭するのが「若衆《わかしゅ》歌舞伎」である。若衆歌舞伎は前髪を残した美少年たちによる歌舞伎だったが、これも承応《じょうおう》元年（1652）に幕府に禁じられた。美少年たちの前髪姿は美しく、あまりに煽情的だったのだ。

代わって、今度は「野郎《やろう》歌舞伎」の時代となる。野郎歌舞伎とは、前髪を剃《そ》り落とし、野郎頭となった少年たちによる舞台である。いわば成人した男であることを示した者らの歌舞伎であり、今日の女形《おんながた》はここで形成されていく。

女歌舞伎ののち登場した若衆歌舞伎、野郎歌舞伎は、ともに美少年による歌舞伎である。前髪を残しているか、剃《そ》り落としたかが違いであるくらいで、女性役の少年は女装して演技した。

男たちは、これに性的に萌《も》えたのである。男たちは若衆歌舞伎、野郎歌舞伎を見て興奮するのみならず、美しい役者たちと交わりたいと願うようになった。

まずは、タニマチのようなファンと役者が、男色の道にはしったたろう。その先にあったのは、役者たちの売春である。男たちは「役者買い」に興じるようになった。ことに町人たちは、歌舞伎役者相手の買春によって男色の味を覚えていく。

幕府はこれを嫌い、まずは若衆歌舞伎を禁じたが、歌舞伎小屋という震源地を抹殺したわけではない。歌舞伎小屋は残り、今度は野郎歌舞伎となったのである。

野郎歌舞伎は、ひところ若衆歌舞伎と一線を画《かく》すものと見られたようだが、結局のところ、美少年を主役とする若衆歌舞伎と大差がなくなる。彼らは黒頭巾《くろずきん》を被ったり、鉢巻きをして色気を演出し、紫縮緬《むらさきちりめん》の帽子を被るようになり、より艶《あで》やかになった。こうして、美少年たちの女性化が止まらなくなっていったのだ。

18世紀中ごろにもなると、女装した美少年役者は、女性以上に女性的となり、振り袖姿で舞台に立った。

平安時代、高僧たちは、美少年である稚児《ちご》を女性のように育て、女性か男性か識別できないくらいの「第三の性」に仕立て、男色の法悦を味わった。江戸時代、今度は歌舞伎の世界で、美少年たちは「第三の性」のように育てられ、富裕な町人らに買われていたのだ。

「陰間茶屋」の流行で、日本は世界一の男色大国に

男たちの男色買春は、やがては「陰間茶屋《かげまぢゃや》」を成立させている。男色を専門とする売春施設である。

陰間茶屋で当初春をひさいだのは、歌舞伎役者の卵たちだ。「陰間」とは、舞台の陰の間にいる者という意味で、いわば役者の卵のような存在だった。彼らは男たちの性愛の対象になっていたが、役者として成功した者たちは、そのうち男色の世界から卒業もできた。一方、役者として出番のなかった「陰間」は、男たち相手に体を売って、稼ぐようになった。

陰間茶屋にあったのは、役者崩れの美少年のみではない。失業した武士や浪人の子、困窮した町人の子らもここに加わり、春を売った。世間的な扱いは、遊女たちと変わらなかった。

彼らが稼げる期間は、ひどく短い。たいていは16～17歳で終わりを告げ、その後は新たに職を探さねばならなかった。

陰間茶屋の最盛期は、安永《あんえい》・天明《てんめい》年間（1772〜89）あたりだとされる。江戸には、200人を超える男娼が存在していたという。

この時代、日本における男色世界は、最高潮に達したといっていい。浮世絵師たちは、男女の性愛のみならず、男色の世界を描き、男色は公然と社会にあった。多才の人・平賀源内も陰間茶屋の少年たちの大ファンだった。世界の多くの地では、男性性愛者は偏見の目で見られ、男性性愛を隠して生きねばならなかったが、江戸では男色売春までが公然とあったのだ。

ただ、18世紀後半以降、日本における男色はしだいに下火になっていく。その理由は判然としないが、一つには、男たちが女性との性愛に完全に回帰していったからでもあろう。

とくに町人の場合、男色を今風にいえば、イケている性文化のように受け取ってきた。上方文化が江戸文化より上位にあった時代はその傾向があったが、18世紀後半になると、江戸の都市文化に独自性が強まり、上方文化への憧れは消えていく。町人は「やっぱり男の尻よりも、女性のあそこがいいや」となったのだ。

また、いかに男色に寛容な日本社会とはいえ、当時から批判的な目もあった。日本の男色の場合、年少の者が年長の者に犯される世界である。それは、男の尊厳や名誉を傷つけると見なす者もいた。そうした批判的な目もあって、しだいに下火になっていったのだ。

男色の痴情沙汰は、男女のそれより激しいものだった!

江戸時代半ば以降、男色が下火になっていくもう一つの理由は、武家社会が男色の流行を抑え込みたかったからでもある。武家の当主が男色に耽りすぎれば、女性との営みを忘れがちになる。跡取りがいないとなれば、その家は断絶だ。そうならないようにするためには、男色をある程度抑える必要があった。

さらに武家社会は、男色による痴情沙汰の暴力の激しさに辟易《へきえき》するところがあった。たしかに、男女の仲でも男が我を見失うところがあるが、男色ではそれ以上になりやすいのだ。

江戸時代、三大敵討ちの一つとされる「鍵屋の辻の決闘」も、発端は男色のトラブルにあった。この決闘は、剣豪の荒木又右衛門《またえもん》が助太刀に及んでいたことでも知られている。

事の始まりは、岡山藩主・池田忠雄《ただかつ》の小姓・渡辺源太夫《げんだゆう》に、藩士・河合又五郎《またごろう》が横恋慕したところから始まる。河合は、藩主のお気に入りの美少年に手を出さずにはいられなかったわけで、その執着のほどがうかがわれる。

けれども、河合の横恋慕が通じるはずもない。愛する少年に拒絶された河合は、カッとなって彼を殺してしまう。岡山にいられなくなった河合は出奔《しゅっぽん》し、江戸で旗本に匿《かくま》われる。男色が、人生を崩壊させたに等しい。

寵愛する小姓を殺されて、藩主・池田忠雄が激怒しないわけがない。彼はその後に病死するが、河合を討つよう遺言している。彼もまた、男色の妄念《もうねん》の虜《とりこ》になっていたのだ。

この騒動に徳川幕府は喧嘩両成敗《けんかりょうせいばい》で裁こうとするが、殺された渡辺源太夫の兄・数馬《かずま》が、亡き藩主・池田忠雄の遺志を継いだ。彼は脱藩し、娘婿の荒木又右衛門の助太刀を仰ぐ。

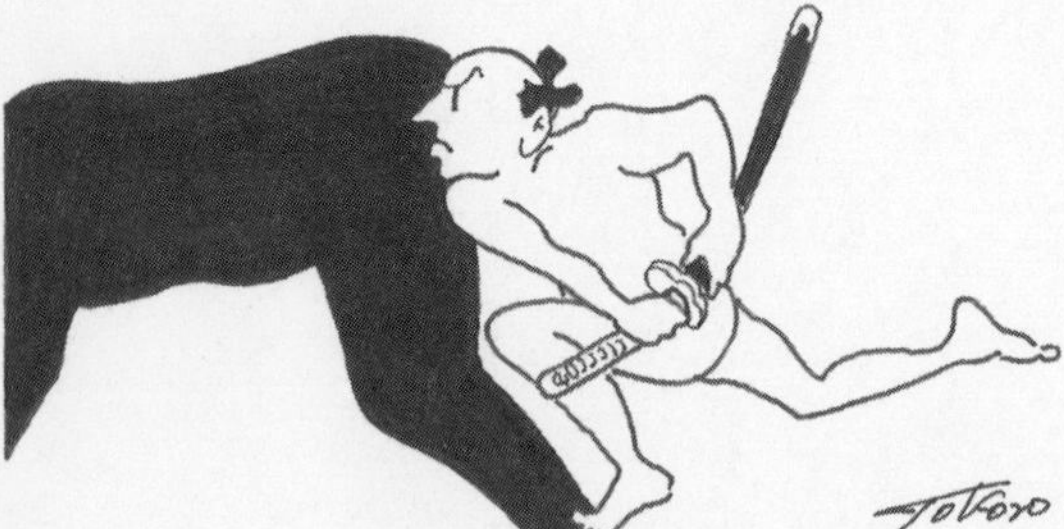

こうして敵討ちの段取りが進み、渡辺数馬、荒木又右衛門ら4人は、伊賀《いが》の鍵屋の辻で待ち伏せる。

一方、河合側は用心深く、10人の護衛を伴っていた。こうして始まった鍵屋の辻の決闘では、荒木又右衛門の活躍によって、ついに河合を倒す。敵討ちは成就したが、男色によるトラブルが悲惨な流血劇を生んでしまった。

男色は、激情と暴力を伴いやすい。そんなところから、武家社会でも男色を肯定しきれなかったのだ。

江島・生島事件に見る、女性たちと歌舞伎役者の関係

江戸の悪所といわれる歌舞伎・芝居小屋は、男だけではなく、女性をも燃え上がらせていた。武家であれ町人であれ、江戸の女性たちは歌舞伎の世界、役者たちに夢中になったのである。

歌舞伎の世界は、色気の世界でもある。舞台に登場するのは、美男、美少年たちである。それは、疑似恋愛を愉しむようなものだ。

そこから先、ファンとなった女性と歌舞伎役者が一線を越えてしまっても、不思

議ではない。歌舞伎役者たちの少なからずは男色を覚えてしまっているが、その一方、彼らは男の盛りにある。女性の相手は、いくらでもできた。

その延長線上に起きたのが、高名な江島《えじま》・生島《いくしま》事件である。江島は大奥の高級女中で、7代将軍・徳川家継《いえつぐ》の生母・月照院《げっしょういん》に重用される身。生島新五郎《しんごろう》は山村座の花形俳優である。2人の密通が発覚したのが、江島・生島事件である。

江島と生島を引き合わせたのは、栂屋善六《つがやぜんろく》という商人である。彼は大奥の利権を得るための突破口を、江島に見た。善六は江島の心をつかむため、山村座に彼女を招待し、生島と引き合わせたのである。生島に酒を注がれた江島は、たちまち生島にぞっこんとなった。そのときから、2人は情を交わすようになる。

ただ、その後、江島は羽目を外しすぎた。山村座の桟敷《さじき》で観劇の最中、生島らをはべらせ、どんちゃん騒ぎを始めたのだ。桟敷から落ちた杯《さかずき》が、よりによって、徳川家に対して胸に一物《いちもつ》ある島津家の家臣の頭に落ちたから騒動沙汰となり、密通が明るみになったのである。江島は信州高遠《たかとお》にお預け、生島は流罪、山村座は興行停止となった。

おそらく、江島・生島の事件以前に、こうした大奥女中と役者の密通はあっただろう。そして栂屋のような商人も以前からいて、大奥の利権を狙ったとき、役者を利用したと思われる。それほどに、役者は江戸の女性を性的に魅了していたのだ。

役者と通じたのは、江島のみではない。すでに述べたように、江戸時代、妻の財産は夫とは別物である。財産がある女性なら、役者を芝居茶屋や料理茶屋に呼び出し、情を交わすこともできたのだ。

陰間茶屋の男たちも、そうした買春の対象だった。陰間茶屋の男たちは、男客の相手もすれば、女性も相手にしていた。遊女たちの中にも、陰間茶屋の男たちを買う者があった。このあたり、現代のソープ嬢やキャバクラ嬢が、大枚はたいてホスト遊びをするのと同じである。

江戸の女性たちは、表向きは家に押し込められていたが、隙を見つけては性の悦楽に浸っていたのだ。

なぜ、一時的に心中がブームになったのか?

江戸時代、一時的に男女の心中がブームとなったことがある。それは、上方から始まった。天和《てんな》3年（1683）、大坂で呉服屋の長右衛門《ちょうえもん》と大和屋の遊女・市之丞《いちのじょう》が心中事件を起こす。以後、大坂では男女の心中がたびたび起こるようになった。

心中する男女の組み合わせの多くは、町人と遊女たちである。それも、ランクの低い遊女の心中が多かった。

上方の心中ブームは、やがて江戸にも飛び火するが、心中ブームはそれまでの日本にない現象だった。そう、本来なら、ありえない現象だったのだ。

日本はそれまで、フリーセックスの国だった。江戸時代でも、町人たちにはフリーセックスの世界があったし、遊女はもろにその世界に生きている。したがって、無理に一緒になるために心中する必要はどこにもない。

にもかかわらず、若い男女が心中に向かったのは、純愛のようなものへの憧れがあったからだろう。

純愛は、一夫一婦の考えから生まれやすい。フリーセックスの国・日本にはそうした考えはなかったが、江戸時代になると、武家は建前上は一夫一婦となる。武家にならって、町人たちの間でも一夫一婦が一応の建前となる。心中に及んだ男女は、そんな世界に憧れたのである。男女が永遠に結ばれるような世界に憧れたといっていい。

実際のところ、町人と遊女が添い遂げるなど、どだい無理な話である。遊女を身請けするには、大金が要る。そもそも若い町人の場合、独り立ちできない丁稚《でっち》の身だ。遊女が遊廓を抜け出しても、彼女を食わせていくことなどできない。

ただ、人間は、世の無理を知るほどに、それを打ち破りたくなる。要は、禁じられた恋愛ほど盛り上がりやすいのだ。この世ではとうてい添い遂げられないと悟った町人と遊女は、あの世で添い遂げるために、心中を選んだのだ。

その心中を煽《あお》ったのが、歌舞伎や浄瑠璃《じょうるり》である。先の長右衛門と市之丞の心中事件は、すぐに歌舞伎の題材となった。そこに近松門左衛門《ちかまつもんざえもん》、井原西鶴《いはらさいかく》ら人気作家も参戦、とくに近松は『曾根崎《そねざき》心中』『心中天網島《てんのあみじま》』など心中ものを得意とした。

歌舞伎や浄瑠璃で心中ものが人気になるほど、心中自体が若い男女の憧れにもなる。惚《ほ》れた・はれたの世界に入るなら心中までしないと嘘《うそ》だろう、といった雰囲気が醸成され、心中は一種のファッションにさえなっていった。たとえ嘘でも、心中を考えない男は、遊女からつまらぬ男扱いをされもしたろう。

心中ブームに業を煮やしたのは、幕府である。幕府からすれば、心中は無駄死にでしかない。8代将軍・徳川吉宗の時代になると、幕府は心中に対して、厳しい姿勢を打ち出した。男女の「心中」を「相対死《あいたいじに》」と言い換え、心中を扱った芝居、浄瑠璃を禁じた。心中して果てた男女の遺骸《いがい》は、裸にして野外に晒《さら》すとした。

幕府の禁圧もあって、心中はやがて下火となる。若い男女も「ふつう」に回帰した。町人にも遊女にもフリーセックスの世界がある。その世界で粋に遊ぶなら、死ぬ必要などどこにもないという考えに行き着いたようだ。

春画が物語る、江戸人のSEXへの飽くなき情熱

江戸時代、日本人はこれまでになく性の探求、研究に熱心になった。男女はより激しいエクスタシー、快楽を求め、そのためのテクニックを開発しようとした。

こうした探求をわかりやすく後世に伝えているのが、浮世絵師たちによる春画である。すでに述べたように、中世以来、春画は性教育の素材でもあれば、神秘的な力を持つ厄除けでもある。12世紀にできあがった『小柴垣草子《こしばがきぞうし》』は、春画の一つの手本となっている。

江戸の大衆文化を担ったのは、腕利きの人気浮世絵師たちである。彼らは、人気役者や風景も描いたが、もっとも得意としていたのは春画だった。

彼らが春画を好んで描いたのは、まずはカネになったからだろう。徳川幕府による風紀統制がある以上、春画は正規の市場に出回ることはない。ウラの市場で取引がなされ、ウラ市場ゆえに高額な商売となる。

加えて、春画には最高の技術をちりばめることもできた。表市場に出る浮世絵の場合、幕府の統制もあって贅沢《ぜいたく》な彩色を施しにくいが、ウラ市場の春画なら当局の統制を無視して、艶やかな彩色を施せた。春画は、浮世絵師たちの技量の見せ所でもあったのだ。

浮世絵師たちは、江戸人のセックスのありようを事細かに描いた。さらには、葛《かつ》飾北斎《しかほくさい》がタコと海女《あま》の交合を描いたように、妄想の産物のような性も描き、春画自体が一つの江戸文化にもなっていた。

春画に描かれているのは、さまざまな体位であり、逢瀬《おうせ》のパターンである。その春画から、性の「四十八手」という言葉も生まれる。始まりは、浮世絵の始祖とされる菱川師宣《ひしかわもろのぶ》の『恋のむつごと四十八手』である。

そこでは、さまざまな体位を紹介すると同時に、男女の接近や別れ、逢瀬のありようなどが描かれている。なかには、障子越しの情交、縁の下からの交合など、本当にできるだろうかという交合図もある。あるいは「添手《そえて》」といって、高年齢の男女がいかに交合を成功させるかといった話もある。

菱川師宣に始まった浮世絵による春画は、その後、多くの浮世絵師たちに継承され、男女のさまざまな交合が描かれる。さらには同性愛も描かれれば、自慰さえも題材となっている。

江戸人の爛熟した性生活が春画を生み、春画がさらに江戸人の性文化を爛熟させていったのだ。

江戸時代、キスは最初の関門ではなく濃厚な性技だった！

江戸時代、春画はセックスのハウツー書の挿絵としても機能していた。江戸時代は、男女がより深い快楽を求めていく時代であり、深い交合を愉しむためのハウツー書も発刊されていた。そのレベルは、現代日本における性のハウツー書とさしたる差はないが、ときおり現代人とは異なる性への見解もある。

江戸人と現代日本人がもっとも異なるのは、キスへの考え方である。現代日本にあっては、キスは愛を告げる儀式であり、純愛の象徴にもなっている。けれども、江戸人は、キスを純愛の象徴とも何とも思っていない。江戸の男女にとって、キスは濃厚なセックス・テクニックだったのだ。

江戸時代、キスは「口吸い」という。口吸いは、西洋人のように人前でする行為ではなかった。まぐわいの最中の行為だからである。

江戸のセックス・ハウツー書『婚礼秘事袋《こんれいひじぶくろ》』には、キスは女性の快楽を高めるための性技として紹介されている。いかに性的に鈍感な女性であっても、濃厚なキスを交わすなら、彼女は大いに濡れてくるとある。そのためには、男が女性の舌を口内に導き入れ、吸っていくといいとも記している。江戸人にとって、キスは性感を高めるための濃厚な必殺術だったのだ。

その一方、女性器の攻め方は、現代と共通する。江戸のセックス・ハウツー書『新童子《しんどうじ》往来《おうらい》万世《ばんせい》宝《ほう》鑑《かん》』には、「指にて核をいらふ　たかたか指と紅差し指と二本かの所へ差しかみしもいちどに指をうごかする也」とある。つまり、中指と人差し指で、クリトリスを刺激せよと説いている。

あるいは、先の『婚礼秘事袋』には、「さねの裏をよく撫で上げて」ともある。つまりは、膣前庭《ちつぜんてい》付

近にあるGスポットを刺激せよと紹介しているわけで、現代にも通じる性技の紹介がなされている。

そうしたテクニックを図で紹介するために、春画が用いられていた。春画は、このうえなく実用的なイラストでもあったのだ。

陰部が強調された春画で、乳房の扱いが〝あっさり〟なわけ

江戸の春画の世界は、男性器と女性器の氾濫《はんらん》する世界である。男根は巨大に描かれ、時に女性器も巨大、かつ微細に描かれた。

江戸人は、この春画に欲情もしていたのだが、不思議なことに春画では乳房の存在は軽かった。

春画では、女性の生の乳房が描かれていないケースも少なくない。着物のままの交合を描いているからなのだが、サービス精神旺盛なはずの浮世絵師たちが、乳房を積極的に描かないのは、現代人には不思議でもある。

たしかに、現代の日本人にとって、乳房は女性の美しさの象徴であり、交合時、乳房への愛撫は必須のようにいわれる。けれども、そうした思考は西洋人の思考で

あり、江戸時代までの日本人は持ち合わせていなかった。

春画で乳房の扱いが軽いのは、江戸の男にとって、女性の乳房は見慣れたものだったからだ。

すでに述べたように、江戸時代、男女は混浴の銭湯に通っていた。銭湯内が暗くとも、近寄れば、女性の乳房くらい見ることができた。しかも日本の夏は暑い。長屋には、上半身裸の女性だっていた。江戸時代の男たちは女性の乳房を日常的に見ていて、乳房には興奮しなかったのだ。

だから、男女の情交は着衣のまま行なわれることがしばしばだった。着衣のままなら、不義密通がばれにくいからでもあるが、江戸の男たちには、女性を裸にして乳房をぞんぶんに愉しもうという発想がなかったからでもある。

一方、春画で女性器が事細かに描かれたのは、ソコがふだんじっくり眺めることのない神秘の世界だったからだ。江戸の男たちは女性器一点集中主義者でさえあり、浮世絵師も春画で彼らの欲望に応えていたのだ。

日本人が女性の乳房に目覚めるのは、明治以後のことである。混浴が禁止されてようやく、日本人は女性のヌードに関心がいくようになったのだ。

殿様は少年時代から、女中の特濃サービスを味わっていた！

江戸でもっとも性文化の発達したのは吉原の大遊廓だろうが、もう一つの性の本山は江戸城・大奥や各藩の奥御殿だったといえる。徳川将軍や大名たちには、多くの女中がかしずいていた。彼女たちは、殿様のために、吉原の遊女顔負けのテクニックを磨いていたのである。

太平の時代、徳川将軍や大名の大事な仕事といえば、子づくりである。後継者として壮健な男子を産ませることこそ、御家の安泰につながった。そのためには濃厚な精液が必要とされ、女中たちは、将軍や殿様がまだ少年のころから〝下半身〟の面倒を見ていたのだ。

岡山藩の奥御殿に仕えた秀麗尼《しゅうれいに》という女性は、『秘事作法』という秘伝のハウツー書を残している。そこには、殿様への手ほどきをいかに進めていくかが、事細かく書かれている。

『秘事作法』によるなら、殿様が7歳に達したら男根の包皮を剝《む》き、10歳になったら男根を布で固く巻いて鍛える。まだ精通のないうちから、殿様は女中たちにペニスをいじられ、強いペニスにするべく鍛練が始まっていたのである。

殿様が12歳になったら、女中は殿様の男根にオーラルセックスを施す。つまり、殿様のペニスを口にふくみ、舌で刺激し、吸ったのだ。まだ殿様は射精する年齢まで至っていないものの、快楽に打ち震えたはずだ。そして殿様のペニスの先端から液がにじみ出たら、いったんフェラチオを中止し、ペニスを強く握って性的緊張を緩めたという。

時には、男根を乳房にはさんで刺激もする。いわゆる「パイずり」サービスは、当時の女性の小さめの乳房では無理ではないかという説もあったが、御殿女中ともなると、やってのけたようだ。

殿様が13歳にもなると、ついに射精を覚える。そうなったら、女中は殿様の男根をみずからの膣《ちつ》に挿入、性の愉悦を味わわせる。このときの体位は女性

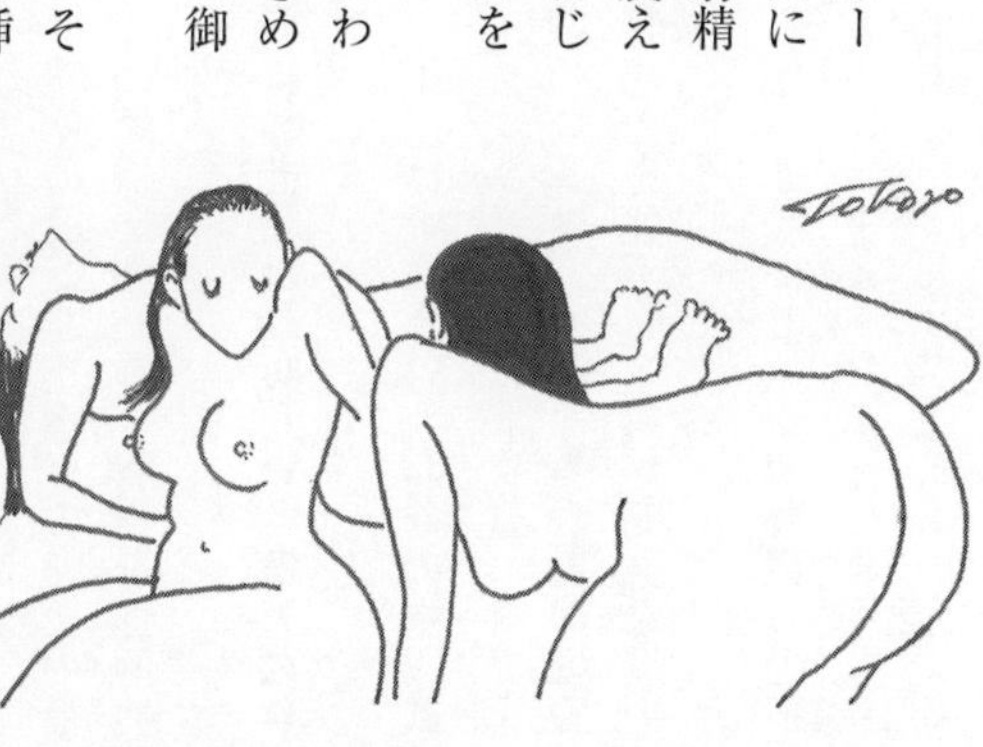

上位で、殿様は一切動かない。また、女性の愛液は滋養強壮になると信じられていたので、殿様にこれを飲ませたという。

殿様が正室と結婚してもなお、女中たちの奉仕は続く。殿様と正室との交合の最中、女中たちが介添えすることもある。正室とともに殿様と交わり、殿様を性的興奮に誘っていく。

ただし、女中は殿様との交合のさなか、殿様に射精させてはならない。歓喜の声をあげてはならない。

殿様が射精するのは、あくまで正室相手であり、正室は殿様との交わりの中、歓びの声をあげてもかまわない。

また、殿様が「ふにゃチン」、つまり勃起力が弱いときは、女中たちが総出で殿様の男根を逞《たくま》しくさせる。女中の役目は、殿様の勃起力を強くし、濃い精液を発射させるところにあるのだ。

殿様と正室のセックスが終わったのちも、女中の仕事は残っている。殿様の男根と正室の性器をなめて、清めるのだ。まるで、今どきのアダルトビデオのようなサービスを、女中たちは殿様と正室に施していたのである。

大陸から渡来した「張形」は、上方から江戸に進出していた

江戸時代の男女の性は、サドマゾがないくらいで、ほとんどなんでもありの時代だった。また、男女ともマスターベーションを愉しんでいた。

これは、18～19世紀のヨーロッパと比べて、あまりに異質だった。当時のヨーロッパ社会では、少年たちの自慰は禁じられていた。女性には性欲がないと断じられ、ゆえに女性は自慰をしないとされた。

もちろん、1人でいるときに何をしていたかはわかった話ではないが、社会道徳上はそうだったのだ。

ひるがえって日本では、女性の自慰が春画にも描かれている。また、先に紹介した『秘事作法』には、女性のためにその方法も書かれている。ここでは自慰は、健康のためによいことだと説いている。自慰の場としておもに厠《かわや》を推奨しているが、廊下や庭先でもできるとしているから、まさにところかまわずだ。

江戸の女性たちに人気があったのが、張形《はりがた》である。張形とは男根の模造品であり、今でいうところの「大人のおもちゃ」だ。水牛の角や鼈甲《べっこう》などから作られ、女性は

張形を膣に出し入れすることで、自慰を愉しんだ。

張形は、江戸時代以前から日本にあった。もともとは大陸から渡来した性具だったが、その後、張形は京都の宮廷で女性たちに人気となり、上方で発達した。江戸時代、江戸で上方の性文化への憧れが強まったとき、張形もまた江戸で人気を博したのだ。

江戸には、張形をはじめとする「大人のおもちゃ」専門店もあり、とくに両国にあった「四つ目屋」が人気だった。四つ目屋は、もともと強壮剤を売っていた店のようだが、男女の自慰用性具も売るようになり、江戸の女性たちも贔屓《ひいき》にしていたのである。

張形による自慰の延長には、女性同士の同性愛もあった。張形を使って、女性同士が相手をイカせ合う姿は、浮世絵にも描かれている。江戸時代、男色は盛んだったが、女性たちも負けてはいなかったのである。

志士らがSEXに狂い、過激化したから倒幕は成ったって?!

江戸人のセックスへの熱意は、しまいには江戸時代を終わらせることになる。

嘉永《かえい》6年（1853）、ペリーが浦賀に来航してのち、日本国内では騒擾《そうじょう》が始まり、尊皇攘夷《そんのうじょうい》運動を経て、ついには倒幕運動へと発展する。慶応《けいおう》3年（1867）には、徳川幕府は倒壊していた。

この10年余、日本でもっとも元気がよく、血気盛んだったのは、いわゆる志士たちである。彼ら下級武士が尊皇攘夷の流血沙汰にはしり、ついにはその牙《きば》を幕府に向けたのである。

志士たちが異様なまでのエネルギーを発散したのは、彼らが性に狂っていたからでもある。志士たちが尊皇攘夷や倒幕の言説をなし、みずからを昂《たかぶ》らせたのは、たいていは遊廓や宿場の旅籠《はたご》だった。彼らは酒を飲み、女性を抱きながら悲憤慷慨《ひふんこうがい》していたのだ。高杉晋作も伊藤博文もそうだったし、志士を狩る立場の新撰組《しんせんぐみ》にしろ同じである。

性に狂うのは、何も異性相手のみではなかった。西郷隆盛は、幕府の追っ手から僧・月照《げっしょう》を守りきれずに、ともに入水《じゅすい》自殺を図ったとされるが、じつは月照とは深い関係に陥っていたという説もある。

そこにあるのは、かつての後醍醐天皇一派と共通する姿である。後醍醐天皇とその仲間たちは、乱交パーティーの中、鎌倉幕府打倒の密議を行なっていた。幕末の志士らもまた、激しく性に浸りながら、尊皇攘夷や倒幕を唱えていた。性の快楽と政治的精神の高揚が深く結びついていたのである。

すでに述べたように、セックス至上主義宗教・真言立川流では、煩悩《ぼんのう》が盛んなとき覚《さと》りへの智恵も激しく起こり、覚りへの智恵が激しく起こるとき煩悩もまた盛んになるとしていた。幕末の志士たちもこれと同じだった。

志士たちが性に狂うほどに、彼らは過激化し、攻撃的になる。虚弱な将軍が続いていた徳川幕府は、猛《たけ》る志士たちの攻撃に耐えきれず、大政奉還《たいせいほうかん》を選んでしまったのだ。

こうして江戸時代は終わったが、その後の日本は、それまでの日本人にとって思いもよらぬ時代となる。性の禁圧された暗黒時代が始まったからだ。

五章

明治以降、なぜ日本人は〝性の統制〟を受け入れたのか

明治維新は〝エロ撲滅運動〟のスタートだった

1860年代後半、徳川幕府が消滅し、明治維新が始動する。明治政府は近代化を目指し、「文明開化」が訪れた。

封建的な江戸時代を終わらせた明治時代は自由な時代かと思いきや、少なくとも性に関してはその逆だった。政府は、長い時間をかけて築かれた、世界でも独特の性文化を完全破壊しようとしたのだ。

何度も述べてきたように、古来、日本の性文化は野卑《やひ》にして、おおらかだった。徳川幕府が不義密通を罰すると脅《おど》しても、男女は不義密通を愉《たの》しんだ。日本は、世界屈指の公然たる買春・売春大国であり、男色大国でもあったが、そのことを恥じる者はいなかった。明治政府はそうした日本の性文化をひっくり返し、消滅させようと図ったのだ。

明治政府によってまず消滅に追いやられたのは、浮世絵師たちの春画である。春画が厳しく取り締まられた結果、春画は完全に地下に潜り、ついには描き手がいなくなってしまう。

明治政府が春画の撲滅《ぼくめつ》に躍起《やっき》になったのは、彼らが「文明病」に取り憑《つ》かれていたからだ。明治維新を成し遂げた下級武士たちがすぐに直面したのは、科学技術、政治文化、思想の遅れである。

たしかに、欧米では科学技術と自由思想をもとに文明を進化させ、これに基づく圧倒的な軍事力で、多くの国を屈伏させてきた。半ば屈伏させられた日本人は、なんとか日本を欧米に伍《ご》する国にしたいと願った。そこから、欧米の技術や思想を導入しているうちに、欧米の文化はすべて正しいとする「文明病」に罹患《りかん》してしまったのである。

もう一つ、明治政府には、徳川幕府が欧米から押しつけられた不平等条約の改正という使命があった。そのためには、欧米諸国から「日本は文明国である」と認められる必要があり、彼らはやたらと欧米人の目を気にするようになったのだ。

その欧米人が日本を訪れたとき、仰天したのは春画の存在だった。明治政府は、欧米人が春画を淫《みだ》らな風俗と見なしていることに勘づき、さっそく撲滅にかかる。

だが、じつのところ、欧米人の春画への姿勢は矛盾していた。彼らは、春画を倫理的に頽廃《たいはい》したものと批判する一方で、春画を珍奇な品として評価し、持ち帰った。春画は外国人に二束三文で渡り、今の日本に残る春画は数少ない。

江戸時代まで、春画は厄除《やくよ》けでもあったし、男女の交わりとはどんなものなのかを教えてくれる手引きでもあった。その春画が抹殺されたことで、日本の性文化の根底に大穴が開いてしまったのだ。

混浴の禁止で、女性のヌードの価値が暴騰したって?!

明治政府が、春画とともに抹殺しようとしたのは、男女混浴の風習である。すでに述べたように、江戸時代は男女混浴が当たり前で、日本では女性のヌードは珍しくもなんともなかったが、政府は男女混浴を禁止しはじめた。

これまた、「文明病」に取り憑かれ、欧米人の目を気にしていたからである。たしかに欧米人は、日本の男女の混浴に驚いた。日本人の堕落の根源と見なす者さえいたようで、欧米並みの文明を目指す明治政府は、欧米にはない混浴文化に制限をかけてきたのだ。

混浴の禁止は、日本の男女の性文化を大きく変える一里塚《いちりづか》となる。江戸時代まで、日本の男女にとって異性の裸は珍しいものではなかった。また異性の裸を見たからといって、つねに興奮したわけではない。性的に自制できたから、日本では混浴文化が維持されてもいたのだ。

その混浴文化が失われていったとき、女性の裸体は、男性にとって見ることのできないものになった。女性の裸体は公衆の前にさらしてはならないことになり、女性の裸体への考えが変質してしまったのである。

その変化は早く、19世紀末には女性の裸はタブー視されていた。

明治28年（1895）、フランス留学を終えた画家・黒田清輝《せいき》が裸体画『朝妝《ちょうしょう》』を、京都で開かれた第4回内国勧業博覧会に出品する。黒田は『朝妝』をすでにパリで公開していて、そこで高い評価を受けていた。それが、日本では不謹慎《ふきんしん》と問題視されたのだ。いわゆる裸体画論争である。

黒田の裸体画は、その後も論争の種になる。傑作裸体画『智・感・情』でも問題視され、『裸体婦人像』

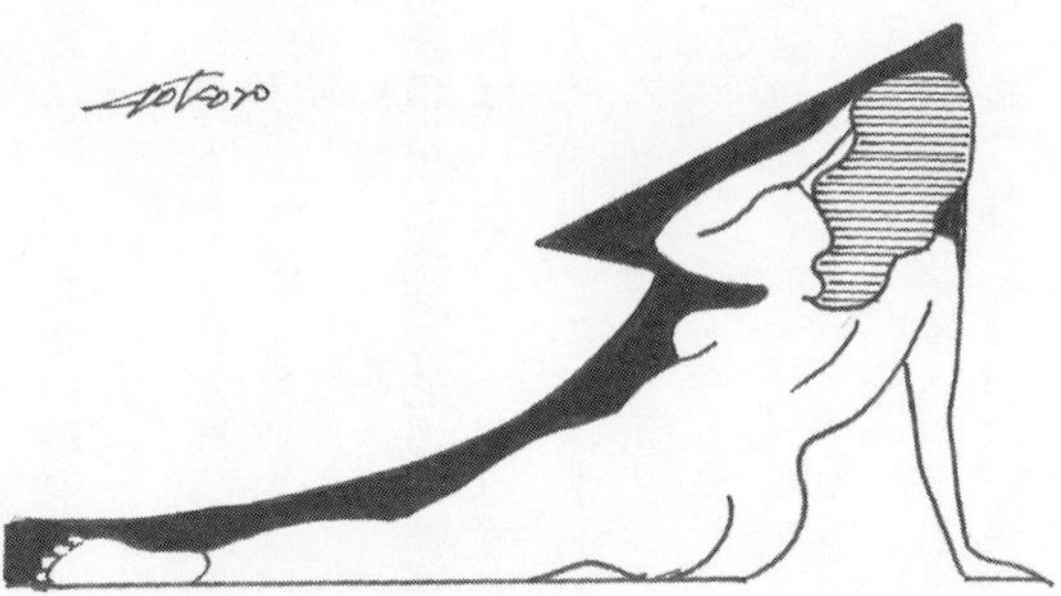

に至っては画の下半分が腰巻きで覆われてしまった。

明治維新からわずか30年程度で、日本人の裸体への意識は大きく変化したのだ。それは、女性の裸体の価値暴騰《ぼうとう》を引き起こしてもいた。

すでに述べたように、それまでの日本人は女性の乳房を見ても、さほど興奮しなかった。けれども、明治の日本人は、女性の乳房を見るだけで激しく興奮するほどになっていたのだ。

第二次世界大戦を経た昭和40年代、日本の少年漫画雑誌には、女性の乳房を簡単に描いたような絵柄も登場していた。今の日本人からすれば、出来の悪いイラストのようなものでしかないが、当時の日本の少年たちはそんな絵に強い関心を持ち、興奮していたのである。明治以後の、裸体抑圧の産物であろう。

盆踊り大会の禁止は「よばい」文化も衰退させた

明治時代以降、社会で進行していたのは、フリーセックスの排撃である。それまでの日本人は長きにわたってフリーセックス文化に浸り、愉しんできたが、その文化の命脈が絶たれはじめたのだ。

これまた、明治政府の罹患《りかん》した「文明病」によってである。欧米社会並みの文明化を目指す明治政府が敵視したのは、日本人の乱倫《らんりん》な性文化だった。それまで日本人はみずからが「乱倫」であることなど知らなかったが、欧米人の視線を気にする明治政府は自国の性文化を野蛮、かつ乱倫と断じた。そのため、春画や混浴を禁圧し、フリーセックスを排撃しようとしたのである。

明治政府がそのために採ったのは、盆踊り大会の禁止だった。盆踊り大会は、すでに述べたように、農村を中心に男女が入り乱れるセックスの場となっていた。江戸時代、村の代官は盛んに盆踊り大会を促したものだが、明治政府は盆踊りを「賤《いや》しき風俗」として禁じていく。

盆踊り禁止令には、大きな反発もあった。各地で住民と警官たちの衝突もあったが、最後に勝つのは官憲である。全国各地でいったんは盆踊り大会はすたれ、生き残った盆踊り大会は、かつてのフリーセックス色を失っていた。

農村や都市でのフリーセックスの消滅は、そのまま「よばい」の絶滅化につながっていた。これまで盆踊り大会のようなフリーセックスの場があったから、「よばい」は機能していたわけで、これが否定されたことで、「よばい」のエネルギーも弱まったのだ。

明治時代、知識層からは「よばい」は否定された。欧米化を主導する知識層にとっては、根絶しなければならない性習俗だったのだ。

これに合わせて、全国各地では教員や警官らによって、「よばい」＝よくないものとする教育も行なわれていた。「よばい」の風習は一部の地域では残ったものの、多くの農村ではすたれ、農村の男女の性文化もまた変わっていく。

盆踊り大会と「よばい」の禁圧は、都市部にも影響する。江戸時代、都市にも「よばい」の文化があったが、これまたすたれていった。

フリーSEXに続き、自由な結婚を禁止した明治の民法

こうして、日本からフリーセックスの消えていった19世紀末、自由恋愛による結婚も消え去りつつあった。これにとどめを刺すような形になったのが、明治の民法である。

明治の民法は、家長の許可がなければ結婚できないと規定した。江戸時代、武家は君父《くんぷ》（主君と父）の許可がなければ結婚できなかったが、明治政府は町人や農民を含む日本国民全員に、結婚統制を仕掛けたのだ。

男なら30歳、女性なら25歳になれば自由に結婚できるという例外規定もあったが、それは当時の結婚適齢期をはるかに越えた年齢である。結果、多くの若者は家長に従って、結婚するほかなかった。

明治政府が家父長制によって国民を家に縛りつけたのは、欧米化を進めてきた反動のようなものだ。当時、過剰《かじょう》なまでの欧米化、近代化は、日本社会を不安定にさせた。今まで当たり前だった風習・習俗が禁止され、「あれもだめ」「これもだめ」となれば、精神の拠《よ》り所を失うのも当然である。

そこで、明治政府は儒教の論理でもある家父長制の強化を思いつき、儒教的な概念でもって社会を安定化させようとしたのである。

明治維新を成した下級武士らは、儒教的な精神、概念を学んでおり、それしか知らなかった。ゆえに、不安定な時代を乗り切るため、儒教に頼り、社会を統制しようとしたのである。

文明開化という名の性の統制下、性風俗産業が生き残れたのは？

明治時代、日本からはフリーセックス、よばい、春画、男女混浴といった性習俗が失われていった。日本の男女はかつてない禁欲を強《し》いられていたが、男にはまだ救いがあった。性風俗産業は、生き残っていたからだ。

じつのところ、明治政府は性風俗産業も禁圧の対象としていた。これまた、欧米人の視線を意識した「文明病」からのものであり、大遊廓が都市に公然とあることを恥としたからだ。また、遊廓の遊女が人身売買同然に扱われていたことも、明治政府は前時代的でよくないとし、遊廓の解体に動こうとした。これが、明治5年（1872）の芸娼妓《げいしょうぎ》解放令となる。

けれども、解放令はさしたる効果もなく、遊廓は生き残った。せいぜい遊女屋を「貸座敷」と名を変えるくらいで、実態は変わらなかった。都市化の進展によって、遊廓が郊外に移転するケースもあったものの、遊廓のエリアは拡大し、性風俗産業は江戸時代よりも盛んになっていたと推定される。

日本で性風俗産業が崩壊しなかったのは、需要と供給があったからだ。いかに禁欲を強《し》いても、男の性欲を抑え込むことは不可能に近い。明治になって、自由に性を愉しめる場が次々と失われていったとき、もはや性風俗産業くらいしか性欲を発散できる場はなかった。

女性にとっても明治時代前半は、江戸時代よりも生きづらい時代だった。農民一《いっ》擽《き》は明治時代に突入するや増大しているが、これは農家が食うに困る状況が続いたことを意味している。困窮《こんきゅう》した農家の娘は、身を売るしかなかった。

いかに明治以降の日本で売春・買春が盛んだったかは、性病の蔓延《まんえん》からも読み取れる。明治42年（1909）、高等学校の試験で「検尿」が導入されているのだ。性病に罹患《りかん》していないかをチェックし、素行不良者を落とすための検査である。

これにより、全受験者の3～4割が性病の保菌者と疑われている。若者の多くは受験期から早くもフーゾクに通い、ここで性病をうつされていたのだ。

やがて性風俗産業は、倫理に反する後ろ暗い存在に

明治時代以後、日本から多くの性習俗が失われる中、性風俗産業は生き残った。けれども、性風俗産業はしだいに後ろ暗い存在として、批判の目で見られるようになっていく。

もともと、日本の性風俗産業は後ろ暗いものではなかった。江戸時代、売春を愉しむのは男の粋《いき》といったふうにも見られていたし、遊女を蔑視《べっし》することもなかった。ゆえに、仙台藩主・伊達綱宗《だてつなむね》が吉原の高級遊女・高尾《たかお》を身請けしたときも、綱宗を

糾弾《きゅうだん》する者はいなかった。

幕末の志士としても知られる明治の政治家・木戸孝允《きどたかよし》（桂小五郎《かつらこごろう》）の妻・松子は、京都・三本木の芸妓《げいぎ》である。彼女は幾松《いくまつ》と名乗り、豪商に贔屓《ひいき》にされていたが、木戸が奪い取り、明治になって結婚した。木戸の結婚を不潔と非難する者はいなかったし、志士としての木戸を援助してきた幾松の献身は讃《たた》えられてもいる。

明治になっても、当初、遊女たちは蔑視されていない。のちに首相にもなる山本権兵衛《ごんべえ》は、海軍少尉の時代に、品川妓楼《ぎろう》の遊女・登喜子《ときこ》と結婚している。山本は薩《さつ》摩閥《まばつ》の人間だから名家の娘とも結婚できただろうが、芸妓と結婚して恥じるところがなかった。

明治の文豪・坪内逍遥《つぼうちしょうよう》は、根津《ねづ》遊廓の娼妓だったセンと結婚している。これまた、何の非難も受けていない。

明治もその当初は、江戸時代の気風が残り、遊女たちは指弾される存在ではなかった。それが変わってくるのは、明治の欧米化、近代化によってである。

欧米の小説が翻訳されはじめたとき、そこには一夫一婦制の男女が描かれた。男女の物語とはすなわち、紳士と淑女の苦悩であり、そこに性的なニオイはなかったし、性風俗の話もない。

知識人たちが欧米の文化に染まるほど、彼らは売春産業を不潔で、前近代的なものと見なすようになった。彼らもまた、陰では遊廓のお世話になっていただろうが、建前上、遊廓を後ろ暗いものとして扱うようになっていく。

さらに大きかったのは、明治の廃娼《はいしょう》運動である。明治19年（1886）、日本キリスト教婦人矯風《きょうふう》会が設立される。同団体は禁煙・禁酒とともに、一夫一婦制の確立や公娼廃止を説いた。

同会の主張が支持されるにつれて、遊廓通いは非倫理的で後ろ暗いものになっていく。性風俗産業が消えることはなかったものの、日陰者の世界に追いやられたのだ。

売春業がいかに社会から否定されていたかは、松本清張の小説『ゼロの焦点』からも察することができる。小説の舞台は、昭和30年代前半である。殺人

に手を染めた女性の犯行動機は、米兵相手に売春をしていた過去を隠蔽《いんぺい》するためだった。

太平洋戦争に敗北してのち、昭和20年代、占領下の日本には米兵らが駐屯したから、彼らを相手に性を売る日本人女性もいた。

彼女らは「パンパン」という蔑称に近い呼ばれ方をされていて、白眼視する人も少なくなかった。昭和30年代になってもそうした社会通念は変わらず、売春の過去は女性の疵《きず》となっていたのだ。

『こころ』がウケたのは、日本が禁欲社会へ変質したから

明治政府が目標としたのは、性に対して禁欲的で品行方正な文化の獲得である。そのため、若い男女に禁欲を強いるようにもなっていた。

これまた、欧米のキリスト教文化の影響である。キリスト教は、性愛の快楽を否定し、性の営みは子づくりのためのものと限定していた。もちろん、欧米の男女も陰では性の悦楽を愉しんでいたが、表向きは性に禁欲的な社会通念があった。19世紀、イギリスの全盛期であるヴィクトリア女王の時代、ベッドでの話は包み隠すの

が、マナーだった。

欧米では、男女は紳士、淑女に成長して初めて結婚できるとも考えられた。さらに女性には性欲がないと考えられていたし、男の自慰は精神障害を引き起こしかねない悪徳として禁じられた。両親は、息子に自慰をさせないよう指導・監督さえもしていた。

こうした禁欲的な社会通念が、19世紀後半以降に、日本に移植されたのである。欧米文化をすぐれたものと認識している知識層ほど、欧米の性への通念を受け入れた。知識層は、青少年らの指導者でもある。彼らは、青少年に欧米的な性道徳を叩き込もうとしたのである。

日本の教育者たちは、若者の恋愛を否定した。恋愛にはまれば、勉学が疎《おろそ》かになり、無駄に体力と精神力を消耗《しょうもう》するという理由からだ。もちろん、遊廓通いは完全に否定された。

つまるところ、男女が結婚できるのは、男が勉学に励み、しかるべき社会的地位を獲得してのちのこと、と決められたわけだ。男女がともに精神的に成熟し、相互理解ができるようになって、初めて結婚する資格が生じる。それまでは童貞、処女で我慢しろ、というわけである。

実態はともかくも、多くの若い男女はこうした教育を建前上は受け入れた。性については、軽々しく語るものではないという雰囲気も生まれた。だからこそ、夏目漱石の『こころ』のような小説が、長い間読まれていたのだ。

『こころ』は、恋愛小説の趣《おもむき》もあるが、そこに男女の葛藤《かっとう》や性的なほとばしりは一切描かれていない。折り目正しい男女が結ばれ、そこに男の友情の苦悩があったという話である。

だが、恋愛小説が消えたわけではない。多くの作家は、恋愛の葛藤を小説化した。艶《なま》めかしい性的描写は抑制されていたものの、田山花袋《たやまかたい》の『蒲団《ふとん》』に見られるような性の懊悩《おうのう》の描写もあった。漱石と同時代の作家・森鷗外《おうがい》も『ヰタ・セクスアリス』では、みずからの性欲体験を描いている。

だが、そうした小説よりも『こころ』のほうが読まれていたわけで、日本の男女は、性的なものを表向きは忌避《きひ》するようにもなっていたのだ。

欧米並みに処女崇拝を始めた日本の男たち

若い男女に性的な禁欲を強いるようになった明治以降、女性が第一に守らなければならないものは「貞操《ていそう》」となる。未婚の女性なら、処女であることが至上の価値となった。これにともない、日本の男たちは、処女を崇拝するようになっていったのだ。

それは、完全な価値の逆転である。江戸時代が終わるまで、日本では処女に価値はなく、男たちにとって、女性が処女かどうかはどうでもいい話だった。性的に愉しませてくれる女性こそがいい女であり、価値があったのだ。

それが一転、処女こそが神聖で価値ある時代が到来した。これまた、欧米の社会通念が日本に移植された結果である。

キリスト教文化を土台とする欧米では、淫乱《いんらん》を罪とする。女性が、その生涯で複数の男と寝るなど、あってはならない。彼らの崇拝するマリアは、処女のまま懐胎《かいたい》しているほどだ。

非キリスト教徒にとっては理解しがたい話だが、キリスト教徒はマリアの処女性を神聖視している。欧米文化が崇拝された明治以降、日本人も欧米人にならって処女を崇拝するようになったのだ。

吉川英治の長編小説『宮本武蔵』は、昭和10年代に完成し、戦後も多くの読者を獲得してきた。小説では、お通《つう》という架空の女性が描かれ、武蔵とは相思相愛の関係にある。けれども、2人は情交しない。お通は処女のまま、武蔵とまぐわうことなく、小説は終わっている。

宮本武蔵の生きた時代、お通のような女性はフリーセックスの世界に生きている。実際の武蔵も、男色に熱心だった。どちらも性に貪欲《どんよく》であっていいはずだが、小説では2人は清らかな愛に生きたように描かれているのだ。このことからも、成熟した男女の精神的な恋愛は認められても、性愛となると抑圧されていたことがわかる。

先の夏目漱石の小説『こころ』でも、ヒロインの「お嬢さん」は処女のまま結婚している。

明治時代、少年愛は犯罪となり、男色は激減した

明治以降、日本から消えていった性習俗の一つが男色である。江戸時代まで世界屈指の男色大国だったのに、それが一転、男色は冷たい目で見られるようになったのだ。

明治6年（1873）、政府は鶏姦罪《けいかん》を定めている。「鶏姦」とは、肛門性交のことであり、つまりは男性同士の同性愛を罪に問うとしたのだ。鶏姦罪はその後、消滅しているが、「男色はいけないことである」という意識は浸透していった。

明治の日本で男色が否定されたのは、これまた「文明病」によってである。欧米のキリスト教文化では、男色は罪である。欧米人もひそかに男色を愉しんでいたが、それは隠れて行なうものだった。男色家であることを公言すれば、社会的地位を失ったのである。

戦国時代以後、日本を訪れたヨーロッパ人が必ず目を背けた風俗といえば、日本人の公然たる男色だった。とくに僧侶らによる少年愛は、彼らにはおぞましい行為として映った。

明治政府の高官たちは、男色を撲滅しないことには、欧米から野蛮な国扱いされたままなのではないかと危機感を抱く。この恐れが、鶏姦罪を定めさせたのだ。また、すでに述べたように、江戸時代の後半から、日本でも男色の人気は低下しつつあった。

男色の劣勢が止まらなくなった背景には、一部の男色家による無法も関係している。明治時代、夜の暗がりで少年を襲い、レイプしようとする男も存在したからだ。作家の森鷗外も、その性欲体験の自伝でもある『ヰタ・セクスアリス』で、上級生から強姦されそうになった経験にふれている。

江戸時代、男色が下火になっていったのは、そうした男色家の強引さが嫌がられたからでもある。明治にあっても、少数になった男色家が少年を襲おうとしたところから、男色は日本でも「変態」扱いされるようになっていったのだ。

エピローグ

そして、日本人の淫欲はよみがえる

●昭和21年、国民は映画のキスシーンに興奮した

昭和20年（1945）、日本は太平洋戦争に無残なまでに完敗し、降伏する。ここに至るまでが、日本の性文化がもっとも荒廃し、落ち込んだ時代だろう。

戦争を遂行するために、当局は「欲しがりません、勝つまでは」「贅沢《ぜいたく》は敵だ」などと訴えた。男女も欲しがってはならず、さらにいえば、欲しくても、性の愉楽は得られなかった。多くの男たちは出征し、残された女性たちは密通しようにもできなくなっていた。また監視社会がそれを許さなかった。

戦後、日本の女性たちが米兵相手に売春を始めたとき、日本の男たちは見て見ぬふりをするだけだった。売春を罪のように見てきた時代なのに、である。

翌昭和21年（1946）、日本人の性文化のありようを象徴するような事件が起きる。映画『はたちの青春』と『カサブランカ』の公開である。

『はたちの青春』は、日本で初めてキスシーンを描写した邦画である。日本人は興

奮し、映画は大ヒットした。ハリウッド製作の『カサブランカ』は、すでに１９４２年にアメリカで公開されていて、これが戦後間もない日本でも上映された。ここにも、男女のキスシーンがあった。それも美男美女の洗練されたキスであり、日本の男女にとって、憧れのシーンともなった。

キスシーンのある二つの映画が大人気となった事実は、日本人の性文化の変質を物語っていた。キスは、今の日本でも男女の愛の象徴にもなっている。神聖な愛を告げる儀式と受け取る人もいる。

うっとりするようなキスは女性の憧れでもあり、性のハウツー書では、セックスはキスを交わしたのちのものであることを鉄則としている。こんなハウツー書を江戸人が読んだら、おそらく仰天するか、吹き出すかであろう。

すでに述べたように、江戸時代にもキスはあった。ただ、江戸の男たちの考えるキスは、愛を告げる儀式ではなく、男女の交合のさなか、より女性を深い快楽に導くための、濃厚なセックス・テクニックだった。その濃厚な性技であるキスが、男女の愛の始まり扱いされたのだから、日本人の性意識はわずか１００年であまりにも大きく変わっていたのである。

江戸人に比べ、当時の日本人の性意識は幼稚だったといっていい。性愛をまったく知らないから、キスが女性の憧れになってしまっているのだ。

ただ、そうはいいながら、映画のキスシーンは日本人が性愛文化を回復、再創造していく出発点ともなった。男女の愛は、禁止されることではない。キスくらいなら、許されるのではないかといった意識が生まれていった。現代日本の性文化は、ここから始まるといっていい。

昭和21年という、戦後間もない時代に、こうした映画が上映されたのは、じつはGHQ（連合国軍総司令部）の意図によるものである。

日本の統治を始めたGHQは、日本人の改造を目論《もくろ》んでいた。日本人を民主主義に目覚めさせ、自由な意見を言える人間にしたかった。すでに日本に民主主義はあったという議論云々はともかく、GHQはキスを自由と民主主義のシンボルにしようとし、『はたちの青春』の製作を指導していたのである。

『カサブランカ』にしろ、アメリカの国策映画である。『カサブランカ』は、反ドイツ、反ファシズム、民主主義礼賛のプロパガンダ映画として製作されている。同映画のキスシーンは、ドイツのファシズムと戦う男女によるものであり、キスはここでも民主主義のシンボルとなっていた。戦後の日本でこの映画を上映すれば、民主主義は根づきやすいと、GHQは考えたのである。

戦後、民主主義が礼賛されていく時代、キスは神聖化され、ここを突破口に男女の性文化が活発化していく。

●世界的な「性の解放」や学生運動が刺激に

戦後、日本人がセックスに強い関心を持つようになるのは、1960年代あたりからだろう。それは日本の男女、とくに男が望んだことでもあれば、世界に影響を受けてのことでもある。

欧米では、二つの世界大戦を経て「性の解放」が始まっていた。大戦は女性の社会参加を強く促《うなが》すものだったため、戦後、女性の社会的地位は向上した。そこから先、女性の解放のみならず、性の解放も唱えられるようになり、性表現のタブーがゆるくなっていた。

1969年、デンマークで性行為をそのまま撮影するハードコア映画が解禁になると、ヨーロッパでハードコア映画がブームとなる。アメリカでは女性のヌードどころか、陰毛から性器までを掲載する雑誌が登場する時代になろうとしていた。

1960年代、日本は高度経済成長のまっただなかにあり、やがて経済大国を自任するようになっていた。

日本人は自信を回復するその一方で、欧米に文化的に遅れていることを認めないわけにはいかなかった。欧米に経済のみならず文化的に追いつこうとしたとき、性文化も欧米に倣《なら》おうという男たちが現れた。彼らが主張したこともあって、日本では禁欲が放棄され、セックスに関心が向かいはじめたのだ。

また、学生運動の激化も大きい。これには女子学生も参加したから、日本で、ひさかたぶりに若い男女がともにある場が生まれたのだ。そこから先、学生運動に参加した男女は、性を意識するようになる。

女性にモテたい、女性と付き合いたいという理由から、参加する男も現れた。それは不純であるとして仲間から攻撃されたが、学生運動は性の解放を伴っていたのである。

日本での性の解放は、「見る」ことからも始まっていた。かつて春画を好んだ日本人は、昭和になっても、性的なものを見ることを愉《たの》しんだ。

昭和46年（1971）、日活ロマンポルノの上映が始まる。日活ロマンポルノは、生の性行為を描くハードコアではなかったが、映画館に足を運べば、裸の男女の絡み合いを公然と愉しめる時代となった。

昭和48年（1973）には、エロ劇画雑誌『エロトピア』が創刊される。こののち、日本では多くのエロ劇画雑誌が出回る。エロ劇画雑誌の中では性器の描写こそなかったが、男女のセックスが氾濫《はんらん》していた。

エロ劇画雑誌のみならず、漫画や雑誌が日本人の性意識に与えた影響は大きい。少年漫画にまで、女性の裸が描かれるようになったからだ。

昭和47年（1972）、鬼才・永井豪は漫画『デビルマン』を世に送る。『デビルマン』は黙示録《もくしろく》的な世界観を打ち出した衝撃的な作品だったが、永井は読者へのサービスのつもりからか、女性の裸体をたびたび載せた。デビルマンの宿敵・妖鳥シレーヌも、乳房丸出しだった。

少年漫画にまで裸体が登場したことで、日本人のセックスへの関心を抑えつけることはもはや不可能となっていた。

その後、「見る」セックスに大きな地平を開いたのは、いわゆるアダルトビデオである。1980年代、家庭にビデオデッキが浸透していくと、男たちはアダルトビデオを求めはじめる。

初期のアダルトビデオは、疑似《ぎじ》セックスだったものの、やがて性行為そのものが収録され、画面には精液が飛び交う。日本の男女は「見る」ことで、性行為がどういうものかを知り、禁欲を忘れていったのである。

●恋愛至上教全盛の中、性愛に覚醒しはじめた女たち

日本人の性意識が抑圧から解放されていた昭和時代後半にあって、膨れ上がったのは、「恋愛至上教」である。

恋愛至上教とは、恋愛の駆け引きを愉しんだのち、セックスも愉しもうというものだ。1980年代あたりから、日本の男女には、恋愛を経たのち、セックスに至るという合意のようなものが形成されていた。とりわけ、女性にとって恋愛なきセックスはありえなかった。

恋愛至上教が生まれた背景には、一つには前述したように「見る性」の解放があった。昭和時代後半の男たちは、映像や漫画などで、女性のヌードやセックスを見て、性行為を妄想した。そこから先にあるのは、生身の女性との交合である。けれども、男たちが生身の女性と交わるのは容易ではなかった。というのも、1970〜80年代にかけて、女性は性に対してずっと保守的だったからだ。結婚するまでは処女でありたいという考えを突き崩すのは容易ではなく、男たちは西洋式の恋愛によって女性にアプローチするよりなかった。

じつのところ、1970年代初頭あたりまで、日本に西洋式の恋愛文化は育っていなかった。たしかに小説家は西洋型の恋愛を題材とし、彼らは実生活でも西洋式

の恋愛に耽溺《たんでき》もしたが、社会的には完全に少数派だった。

多くの日本の男は、西洋型恋愛を頭の中でしか知らない。けれども、女性へのアプローチに呻吟《しんぎん》するうち、西洋型の恋愛による接近こそが、女性の心と体を開かせるのに有効であることに気づく。

西洋型の恋愛の淵源《えんげん》をたどるなら、中世の騎士たちの世界となろう。騎士たちは貴族の女性を崇高なる存在とし、彼女らに奉仕した。そこからレディファーストの思想が芽生え、騎士と貴族の女性の間には気高い精神的関係も生まれた。

この疑似恋愛関係が、西洋型恋愛の雛型《ひながた》になる。こののち、性解放の進む20世紀の欧米では、恋愛を経たのちのセックス、結婚が、女性の一つのロマンのように讃《たた》えられた。

保守的になっていた日本の女性も、この西洋型恋愛には憧れた。西洋型恋愛では、女性が奉仕される側であり、主役になれるのだ。明治時代を迎えてのち、女性の地位は低く、異性との交際も禁じられてきた。そんな中、西洋型恋愛は輝いて見えただろう。

彼女たちの需要に応えるかのように、数多くの恋愛映画やテレビドラマが制作され、さらに多くの恋愛小説が世に送り出された。日本の女性たちは恋愛の物語に興奮してきたから、女性の肉体を求める男も、まずは女性と西洋型の恋愛関係を結ぶしかなかった。

それは、当時の男にとって、じつに高いハードルだった。明治以降、日本では男女交際を抑圧してきたから、男たちは女性をかき口説く文化を忘れていた。女性を口説き、恋愛に持ち込むにはどうすればよいかわからなかったのだ。

そのため、男性雑誌では女性との付き合い方、口説き方、セックスへの持ち込み方といったハウツーが一大テーマとなる。男たちは、ハウツーに則《のっと》って女性に迫るしかない。男たちは恋愛を讃《たた》えるようになり、そこから恋愛至上の教えが生まれていたのだ。

それは、性文化の中で、これまでになく女性の地位を高めるものでもあった。女性は、恋愛の中で男たちの奉仕を受け、セックスを愉しむようになる。恋愛至上教の中、日本の女性たちは性の自由を手にしていたのである。

いったん性の悦楽を知った女性たちに、もはや禁欲、品行方正を教える道徳は通用しない。女性からは、複数の男たちと性行為をすることにためらいが失われ、貞《てい》操《そう》の概念も忘れ去られた。

現代では、性に貪欲《どんよく》な女性は「肉食女子」ともいわれる。だが肉食女子とは、江戸時代までの奔放な女性への回帰でもあるのだ。

●「草食男子」の登場で〝性の愉しみ〟は広がった

肉食女子の誕生は、その反動で、「草食男子」も生んでいる。草食男子とは、女性とのセックスにあまりガツガツしない男たちのこと。彼らは、恋愛至上教の脱落者、あるいは否定者でもある。

恋愛至上教は、じつのところ、男たちにとっては大きなプレッシャーとなっていた。この教えのもとでは、人として生まれた限りは恋愛をしなければならない。だが、恋愛のために女性をかき口説くハードルはじつに高い。金銭的にも負担が大きかった。

ひところまで多くの男たちは、その高いハードルを越えようとあくせくしていたが、しだいにそこに徒労を感じる者、無意味さを感じる者も現れてきた。

彼ら草食男子は、性欲までも否定したわけではない。今や、二次元の世界にも、エロは溢《あふ》れ返っている。エロ映像、エロゲームの世界は多彩であり、これに耽溺すれば、現実の女性をさほど欲しくなくなるのだ。

草食男子の登場は、ある意味で、性の愉しみの領域を広げるものである。江戸時代、日本人はさまざまな性の愉楽を探求していた。しかし現代では、もはや生身の女性に接近せずとも、性を愉しむことが可能なのだ。

●江戸時代以前に回帰しつつある日本の性文化

昭和32年（1957）、日本では売春防止法が成立、遊廓は滅亡させられた。けれども、日本における性風俗産業が絶滅させられたわけではない。性風俗産業は、形を変えて生き残った。

その一つがソープランドだろう。吉原では大遊廓街は、そのままソープランド街となった。日本の性文化は、浴場、風呂とともに育ち、現代でもなおそうである。ソープランドは日本各地にあり、そのスタイルは近年、東南アジア方面へも輸出されてもいる。

ソープランドをはじめとする日本の性風俗産業は、時代とともに多様化している。2020年の新型コロナウイルス禍《か》で明らかになったように、女性を相手にするホストクラブもすでに産業となり、一つの文化となっている。

多様な日本の性風俗産業は、日本の性文化の多様性の表れでもある。現在、日本の男女の間で、性に関してはさしたるタブーはなくなりつつあるが、それは江戸時代以前への回帰でもあろう。

明治維新を迎えるまで、日本の男女は多様な性文化を愉しみ、性を禁圧する者らは野暮《やぼ》扱いもされてきた。明治時代以後、日本の男女は性の抑圧を受けてきたが、昭和の敗戦を契機に、かつての奔放な時代を取り戻そうとしている。

日本の男女は、けっして紳士・淑女にはなれないし、なりたくもないのだ。

●左記の文献等を参考にさせていただきました――

『やまとなでしこの性愛史』和田好子（ミネルヴァ書房）／『性欲の文化史』井上章一編、『江戸遊里盛衰史』渡辺憲司、『春画 片手で読む江戸の絵』タイモン・スクリーチ、『江戸の性談』氏家幹人、『江戸の春画』白倉敬彦（以上講談社）／『性愛の仏教史』藤巻一保（学研プラス）／『エロティック日本史』下川耿史、『文豪の女遍歴』小谷野敦（以上幻冬舎）／『混浴と日本史』下川耿史、『性と愛の日本語講座』小谷野敦、『性愛の日本中世』田中貴子、『張形と江戸女』田中優子（以上筑摩書房）／『日本売春史』小谷野敦、『江戸の閨房術』渡辺信一郎、『江戸の媚薬術』渡辺信一郎（以上新潮社）／『江戸性風俗夜話』樋口清之、『江戸の性愛学』福田和彦、『江戸の女』三田村鳶魚（以上河出書房新社）／『春画で読む江戸の色恋』白倉敬彦、『江戸の男色』白倉敬彦、『不義密通』氏家幹人、『大江戸残酷物語』氏家幹人、『戦国武将と男色』乃至政彦（以上洋泉社）／『日本人の性生活』フリードリッヒ・S・クラウス（青土社）／『男色の日本史』ゲイリー・P・リュープ（作品社）／『江戸の色ごと仕置帳』丹野顯（集英社）／『図録　性の日本史　第三版』笹間良彦（雄山閣）／『殴り合う貴族たち』繁田信一（柏書房）／『中世の家と性』高橋秀樹（山川出版社）／『愛の日本史』アニエス・ジアール（国書刊行会）／『「絶倫」で読む日本史』岡村青（現代書館）／『性愛と結婚の日本史』加来耕三（祥伝社）

KAWADE
夢文庫

思わず興奮する
性生活の日本史

二〇二〇年一〇月三〇日　初版発行

著　者……………玉造　潤
企画・編集………夢の設計社
東京都新宿区山吹町二六一〒162-0801
☎〇三―三二六七―七八五一（編集）
発行者……………小野寺優
発行所……………河出書房新社
東京都渋谷区千駄ヶ谷二―三二―二〒151-0051
☎〇三―三四〇四―一二〇一（営業）
http://www.kawade.co.jp/
装　幀……………こやまたかこ
印刷・製本………中央精版印刷株式会社
DTP………………株式会社翔美アート
Printed in Japan ISBN978-4-309-48551-5